音楽で起業する

8人の音楽起業家たちのストーリー

八木良太

Stylenote

目次

はじめに

国内外のビジネスシーンでベンチャー企業に対する投資が活発化しています。理由の一つは、ＡＩ、ＩｏＴ、ＶＲ／ＡＲ、ブロックチェーンなどの最新テクノロジーを用いた新しい産業を創出する担い手として、ベンチャー企業に対する期待が高まっているからです。この動きは音楽ビジネスの世界も同様で、欧米では、Spotify（スポティファイ）やPandora（パンドラ）、Amper（アンパー）のような、音楽と最新テクノロジーが融合した事業を展開するベンチャー企業が続々と誕生しています。日本でも、徐々にではありますが、野心的な音楽ベンチャー企業が増えつつあります。こうした音楽に関連する事業を新規に立ち上げる人びとを「音楽起業家」と呼びます。

起業や起業家に関する書籍や資料は数多く存在しますが、音楽起業家についてはほとんど何の記録もありません。したがって、音楽起業家の実像を知ることは極めて困難でした。そこで、音楽起業家へのインタビューを通じて、「音楽起業家は何を考え、何を求め、何に迷い、何に惑い、何に喜び、何に生きがいを感じているのか」、すなわち、音楽起業家に特有の起業家精神（考え方、心の持ちよう、取り組み方）を明らかにしようとしました。

具体的には、音楽起業家に対して、「なぜ起業したのか、しかも、なぜ音楽で起業したのか（起業の経緯や動機）」、「会社や事業を通して何を実現したいのか（経営理念）」、「起業してから現在まで、どのような困難や苦労に直面し、それをどのように乗り越えたのか（挫折経験）」、「会社をどのようにマネジメントしているのか（組織・戦略）」、「影響を受けた人物や恩人はいるか（メンターの存在）」、「起業して良かったこと・悪かったこと」、「起業家に必要なものとは何か」、「起業を志す若者への提言」などの質問を投げかけ、彼らとの対話を通じて音楽起業家の実像に迫りました。

本書では、起業をビジネス的な側面だけでとらえていません。エンターテインメントのような営利目的の事業だけでなく、教育のような非営利目的の事業も起業の対象としています。教育、福祉、医療、地域活性化などの分野であっても、音楽を軸に新しく事業を立ち上げた人びとは音楽起業家です。

登場する音楽起業家は8人です。モータースポーツでの挫折を経て音楽アプリで世の中に自分の生きた証を残したいと考える音楽起業家（文原明臣）、音楽とティール組織という新しい経営理論で介護福祉業界に新風を吹き込む音楽起業家（柴田萌）、豊富な経験と幅広い人脈を駆使して、常に音楽シーンの最前線で活躍する音楽起業家（弘石雅和）、音楽とＩＴの融合に挑む学生ベンチャー出身の音楽起業家（西尾周一郎）、豊富なアイデアと卓越した行動力で音楽家の活動を支える音楽起業家（堀口直子）、人気ゲーム作曲家でありながら戦略的思考で新しい音楽ビジネスを試みる音楽起業家（稲毛謙介）、地域の子どもたちにアメリカ仕込みの音楽教育を実践する音楽起業家（大類朋美）、エリートサラリーマンの道を捨て音楽ベンチャーに賭けた若手音楽起業家（西村謙大）です。

音楽業界のど真ん中で新しい時代の音楽ビジネスを実践する起業家もいれば、一見音楽とは無関係に思われる教育や福祉などの世界で音楽を用いた新規事業を立ち上げた起業家もいます。本書を手にした読者は、世の中には幅広い種類の音楽関連事業があり、同時にバラエティに富んだ音楽起業家たちがいることに驚くはずです。この多様性こそが音楽の強みであり、面白さでもあります。音楽は、映画、アニメ、ゲームなどのエンターテイメントはもちろんのこと、ＩＴ、家電、自動車、住宅、観光、教育、医療、福祉、まちづくりなどのあらゆる分野のあらゆる事業と親和性があり、多様な音楽関連事業を展開していく可能性を秘めています。したがって、将来のビジョンを描けないで苦労している音楽業界関係者は、８人の音楽起業家の話から行き詰まった現状を打破するヒントが得られるかもしれません。

音楽起業家の方々との対話を通じて分かったことは、彼ら彼女らが自分の意志と情熱を信じて、他人任せでない、自分が選んだ人生を歩んでいるということです。自分が選んだ人生を歩むということは簡単なことではありません。それは、自分の選んだ人生にはあらゆる可能性が開かれていると同時に、失敗の可能性が含まれているからです。つまり、自分が選んだ人生を歩むということは、常に失敗のリスクを抱えて生きるということです。

しかし、本書に登場する音楽起業家たちは、リスクを取ることをいとわないで、あるいは、失敗の可能性をリスクとして認識すらしないで、様々なことに果敢にチャレンジしています。なぜ、音楽起業家はリスクをおそれずにチャレンジできるのか？　それは、彼らが明確な目標を定めて、その目標を絶対に達成するという揺るぎない信念をもっているからです。どの音楽起業家からも、手がける事業と自分の行動に対する強い信念を感じました。

当然、音楽起業家にも、迷いや惑い、不安、悩みはあるでしょう。しかし、彼らの起業ストーリーに悲壮感はなく、前向きなエネルギーで満ち溢れています。結果として、本書は、起業論としてだけでなく、人生論としても楽しめるものになりました。これは、音楽起業家たちが過去の失敗や現在の惑いなど、本音の部分で自分の人生を語ってくれたおかげです。その意味で、この本は音楽起業家の起業論以上の価値を持つと信じています。

本書は、音楽で起業したい人、音楽業界での就職を目指す人、音楽家として成功したい人、音楽以外の分野で起業を目指す人を読者として想定しています。音楽を軸に新しく事業を起こしたいと考えている人には参考になるでしょう。８人の音楽起業家たちの多様な活動から、音楽ビジネスや音楽産業の未来、音楽と人の今後の関わり方などを感じ取り、音楽で起業する際の手引きとして本書を活用してほしいと思います。

また、音楽大学や音楽専門学校で音楽を学び、音楽業界で働くことを望む学生の方にも役立つでしょう。起業する・起業しないにかかわらず、音楽に関わる仕事がしたい若者にとって、音楽起業家たちがたどってきた音楽人生は今後の進路を考える上で参考になるでしょう。

音楽家を目指す人にも読んでほしいと考えています。起業や起業家というと、音楽家には無関係なことのように感じるかもしれません。しかし、現代の音楽家には、音楽的な才能だけでなく、マネジメント能力が求められます。アーティストはただひたすら創作や演奏といった音楽活動に専念すれば良く、ビジネスに関することはすべてマネジメント会社やレコード会社のような音楽関連企業に任せておけば良いという時代はとっくに過ぎ去りました。現代は、アーティスト自らが音楽的才能を含めた経営資源（ヒト・モノ・お金・情報）をマネジメントし、自らの力でビジネスを行わなければならない時代です。したがって、音楽家としての成功を望むのなら、音楽家自身が起業家であることを強く意識すると同時に、起業について学ぶ必要があります。

最後に、音楽以外の分野で起業を考えている人にも読んでほしいです。本書に登場する音楽起業家も、製造業やＩＣＴ（情報通信）業などの他の分野の起業家と共通する点は多いです。経営理念や組織・戦略に対する考え方、困難・苦労に直面したときの対処方法、メンターの存在、起業家に必要な要素などについての話は、一般的な起業論として普遍化できるもので、どのような分野で起業するのであれ、起業を目指す人にとって参考になるはずです。

この本が、音楽や起業に人生を賭ける人たちのエネルギーになってほしいと願っています。それでは、８人の音楽起業家たちのストーリーのはじまりです。

1

文原　明臣

株式会社 nana music
創業者・代表取締役

文原 明臣（ふみはら あきのり）

株式会社nana music創業者、代表取締役。1985年10月生まれ。兵庫県神戸市出身。神戸市立工業高等専門学校機械工学科卒業。19歳の時にF1（フォーミュラ1）の世界に惹かれ、モータースポーツの世界へ。プロドライバーを目指し、スーパーカート、フォーミュラカーへとステップアップするが、目標に届かず夢を断念。その後、2011年に音楽×ITを用いたよりよい音楽の在り方を構想し、株式会社nana musicを創業。サービスをさらに広げるため、2017年にnana musicを合同会社DMM.comにバイアウトし、DMM.comグループにジョイン。

音楽サービス「nana」について

「nana」というのは、スマートフォン一つで世界中の人たちと音楽でコラボレーションできる音楽サービスです。nanaのサービスには、誰かが投稿した音源に対して、いろんな人が重ね録りをする機能があります。ただし、nanaの音源の時間は90秒と制限されています。実際に音楽を作っている人からすると、90秒というのは短い時間だと思いますが、1番のみの歌詞が入るテレビサイズを基本にしています。これには理由があります。それは、時間をあまり取られない手軽さを重要視しているからなんです。

ユーザーの方々は、重ね録り機能を使って「歌ってみた」をやっているパターンが多いですね。現在、nanaは世界で800万ダウンロード、国内だと350万ダウンロードされています。[1] 割合で言うと日本より海外ユーザーの方が多いですが、アクティブ・ユーザー数はやはり日本のほうが多いです。サービス利用者の多くは10代の若者で、50％が高校生以下になります。nana経由でプロデビューしたユニットなども生まれています。

経営理念：Everyone is a Co-Creator

昔は、「経営理念とか、大層なこと言っとるわ」と思っていたんですが、会社をやってみると、経営理念がめちゃくちゃ大事なことが分かります。結局、「この会社は何をする会社なのか」ということを、ある程度の枠として設けないと動けないんですね。経営理念というのは、その枠を制定するようなものなんです。実はこれまで経営理念を作っていなかったんですが、2018年の初めにようやく作りました。僕らの信じているもので、「Everyone is a Co-Creator」という理念を掲げました。Co-Creator（コ・クリエイター）というのは、共に創る「共創」という意味です。「誰しもが共創者であり、クリエイターであり、Co-Creator である」というのが僕らの信じているものです。

nana もそうです。ちょっといたずら的な発想とかで面白い音源が作られていたりする。例えば、他のサービス、MixChannel（ミックスチャンネル）やニコニコ動画、pixiv（ピクシブ）などもそうなんですけど、そこでは、プロでもセミプロでもない普通の素人が、ちょっとした発想で面白い動画を作ったり、面白い絵を描いたりして人気者になっています。僕は、基本的に人間誰しも創造力があると思っています。その創造力を外に発信することが、テクノロジーのおかげでますます簡単になっています。また、誰かの創造力に触れることも簡単になっていると思います。誰かが作った作品を見て、それに共感してインスピレーションが湧いて、今度は自分で何かの作品を作ったりしますよね。これが、Co-Createだと思っています。そういうふうにして創造力の連鎖が広がっていく。同人とか2次創作とか呼ばれているものもその一種だと思いますが、僕はそういうのがとても好きなんです。人は誰しもが創造者であるということを軸にした上でnanaという音楽プラットホームから派生する作品が生まれることを期待しています。

モータースポーツの挫折

学生時代には音楽をやっていて、その後、モータースポーツをやっていました。19歳のときに車に乗り始めて、「車、超おもしれぇな」と思って、F1ドライバーになりたくなったんです。当時のモータースポーツ界ではF1ドライバーの佐藤琢磨さんが活躍していて、彼も19歳からモータースポーツを始めたということを知って、自分もいけるのではと思い、アルバイトをしてレーシングカートを買って、2004年からモータースポーツをはじめました。

モータースポーツというのは非常にお金がかかるスポーツなんです。例えば、サッカーだと、それほどお金がなくてもできるじゃないですか。基本的に自分の肉体さえあれば何とかなると思うんです。でも、モータースポーツはまずマシンを用意しなくちゃいけない。そのマシンに相当なお金がかかる。そして、それをレース場に運ばなくちゃいけない。マシンを動かすためにはメカニックも雇わなくちゃいけない。さらに、タイヤなどの消耗品もたくさん購入しなくちゃいけない。モータースポーツは、数百万円、数千万円単位のお金が必要で、すごくお金と直結しているスポーツなんです。

僕はモータースポーツにかかる莫大な費用をどうしても用意することができなくて、結果的にはモータースポーツを途中で諦めざるを得なかった。あのときの悔しさは今もずっと残っています。nanaをはじめて2012年、2013年頃というのはお金が調達できなくて、一番苦しい時期でした。あの時期を乗り越えることができたのは、もちろんnanaというサービスの可能性を信じていたからというのもありますが、振り返ってみると一番にはモータースポーツで挫折した経験があったからだと思います。nanaというサービスは絶対に面白いと思っていたし、上手くいくイメージもあったので、後はとにかくプロダクトを作っていけばいい。でも、そのためのお金がない。あの時、僕はここで終わりたくないと強く思いました。モータースポーツの時と同じように、お金が理由でnanaを諦めることになるのは絶対に嫌だというのはありました。モータースポーツが駄目だったから、逆に反骨精神みたいなものが生まれて、苦しい状況を乗り越えることができたのかもしれません。

起業家に必要な資質

おそらく起業する人は、他人から「起業しろ」と言われて起業するのではなく、自分で起業するしか選択肢がなかったというパターンが多いと思います。僕は絶対、普通の会社で普通のサラリーマンが務まらない人間だと思っています。モータースポーツにかかる費用を稼ぐために一度、3Dのモデルを作るエンジニアとして大手企業に勤めたことがあります。そこで1年半ぐらい仕事をしました。仕事は全く面白くないし、やりたくもない。日曜日の夜になると憂鬱になるわけです。もう月曜日の朝なんて最悪です。で、金曜日の夕方ぐらいになって、ようやく元気が出てくる。そして、土日はカートに乗ってレースに行く生活です。やはり、好きじゃないことは全然できない。そこで分かったのは、好きじゃないことを仕事だからと割り切ってやることが、僕にはできないということです。だから、自分で起業して稼ぐしかない。起業家には、僕と同じように、起業するしかなかったというタイプが割と多いんじゃないかと思います。

起業した理由

2010年にハイチ沖地震が起きたとき、チャリティーで57人のアマチュア・アーティストたちが、1985年に大ヒットしたUSAフォー・アメリカの「ウィ・アー・ザ・ワールド」[2]をカバーして、それを「ウィ・アー・ザ・ワールド for Haiti YouTube Edition」としてYouTube（ユーチューブ）上に公開したんです。僕は昔からスティービー・ワンダーに憧れていて、ジャズバーとかでスティービー・ワンダーのように歌えるようになりたいと思っていました。だから、スティービー・ワンダーが参加したUSAフォー・アメリカのオリジナルバージョンが大好きだったので、2010年にこの動画を初めて見たとき、「これはめちゃくちゃいいな」と思いました。

「ウィ・アー・ザ・ワールド」という曲のコンセプトは「音楽で世界をひとつに」という想いが込められていて、このハイチ沖地震チャリティーの動画もインターネットを通じて、いろんな人種の人たちが国境を越えて音楽でコラボレーションしていました。その動画にめちゃくちゃ感動したんですが、ふと「音楽で世界をひとつに、というコンセプトって、全然、実現できてないよな」と思ったんですね。動画には57人のアマチュア・ミュージシャンたちが出ていて、その人たちの国籍というのはせいぜい数カ国くらいなもので、日本人は一人もいないんです。これだけ世界中にインターネットが普及している中、音楽で世界をつなぐとか言っているけど、全然つながってないじゃん、と思ったわけです。

ちょうどその頃、僕は暇つぶしにiPhoneのボイスメモを使ってコブクロの曲を歌って録音して、そのボイスメモを聞きながらまた1人でハモるという遊びをしていました。その時に、自分の歌声や演奏を録音したものをそのままインターネット上にアップロードして、いろんな人に聞いてもらえれば良いな、スマートフォンを使えばそのためのレコーディングツールになるんじゃないか、と考えたわけです。

パソコンの場合、誰でもが持っているわけじゃないですよね。あと、使い方がよく分からなかったりする。そして、グローバルという意味で言うと、途上国の人たちはパソコンを持っていないですよね、高価ですから。でも、スマートフォンはパソコンに比べて安価で買えますし、持ち運ぶのも簡単です。そこで、僕は、ポケットの中からスマートフォンをさっと取り出して、スマホのマイクでレコーディングして、知らない人たちと一緒に歌い合ったり、楽器でセッションできたりすると面白いんじゃないかと考えたんです。

僕は、「ウィ・アー・ザ・ワールド for Haiti YouTube Edition」の動画を見て、スマートフォンのおかげでインターネットが本当の意味で多くの人に開かれたところで、世界中の人たちと一緒に歌を歌い合ったり、曲を演奏し合ったりする可能性を感じて、それを実現するために起業してnanaをはじめたんです。僕はnanaを創りたかった。ただそれだけです。ビジネス的にこの市場が儲かりそうだから起業する、みたいな考えからはじめたわけではないんです。

起業までの道のり

僕は神戸市出身なんですが、起業を思い立って、東京に来るタイミングがあり、池袋の友人の家に泊まっていたことがありました。そこはお風呂が壊れていて、「銭湯ないかな」ってTwitter（ツイッター）でつぶやいたんですね。すると、「そんなのググれよ」というリプライをとばしてきた人がいて、彼のプロフィールにはエンジニアと書かれていました。そこで、「僕はこういうことをやりたいと思って、いま東京に出てきているんですが、もしよかったら会ってお話しませんか？」と返したら、「いいっすよ」ということになりました。それで、そのエンジニアの人と渋谷のカフェで会うことになって、「スマホを使って、音楽で世界をつなぎたいんですよ」と6時間くらいずっと話をしたら、「何かよく分からないけど、面白そうだから手伝うよ」と言ってくれたのが、最初の創業メンバーで当時のＣＴＯ（最高技術責任者）です。そこで仲間が見つかり、スタートしたのが２０１１年の５月です。

Twitter でＣＴＯ（最高技術責任者）に出会って、会社をスタートさせましたが、彼はデザイナーではなかったので、また、Twitter や Facebook（フェイスブック）を使ったり、ＩＴ系の交流会に参加したりして、デザイナーを探しました。僕自身はエンジニアでもデザイナーでもないので、人に頼るしかないんですよ。だから、できる人を集めるしかない。とにかく人を集めようと思って、いろんな方にお話をさせていただくと、１人、また1人と協力者が現れました。ＣＥＯである僕、ＣＴＯ、デザイナー、ｉＯＳエンジニアの４人体制になったのが、２０１１年の12月です。あっという間でした。いろんな人にアプローチして、もちろん断られた数のほうが多かったですけど、断られたことは覚えてないですね。「絶対に面白いから、これをやる」としか考えていなかったので。

シードラウンドでの孫泰蔵氏からの出資

４名が集まったタイミングで当時、起業を支援してくれる投資家やベンチャーキャピタルを探そうということで、ソフトバンクの孫正義さんの弟で、ソーシャルゲームのパズドラを手がけているガンホー・オンライン・エンターテインメントの創業者でもある孫泰蔵さんと出会いました。そして、孫泰蔵さんが手がけるファンドのアクセラレーション・プログラムに応募し、最初の出資が決まりました。

ちょっとテクニカルな話になるんですけど、資金調達というのは投資ラウンドというのがあるんですね。シリーズAラウンド、シリーズBラウンド、シリーズCラウンド……といったものです。そして、最初のシリーズAラウンドの前のシード（種）段階をシードラウンドと呼びます。その次の資金調達がシリーズA、その次の次がシリーズB、資金調達をやったシリーズ（回数）によってラウンドは増えていきます。シードラウンドというのは、ビジネスモデルもまだアイデアレベルでしかない場合が多いです。当然失敗する確率も高い。でも結果的に当たれば、当然、リターンはめちゃくちゃ大きいです。そして、A、B、C、Dと後ろのシリーズに行くにしたがって、投資する側のリスクもリターンも減っていきます。なぜなら、事業としてだいたい数字が見えてくるからです。また、企業価値が高くなっているので、投資家はたくさんのお金を出さなくちゃいけないし、出資したとしても自分が持てるパーセンテージは少なくなります。

2011年、2012年ぐらいから、シリコンバレーのエコシステムを見習って、このシードラウンドを日本でもっと活性化させようとする動きが起こり、いろんな投資会社がシードラウンドの起業家プログラムをスタートさせました。僕が孫泰蔵さんに出資していただいたのもシードラウンド・プログラムだったんです。

素早く資金を調達して、サービスの面を取る

いろんなビジネスのやり方があると思うんですけど、昨今の、特にIT系サービスでは、まず数を取ることが重要なんです。それは、ITを使ったサービスというのは簡単にまねができるからです。例えば、nanaと同じようなサービスを作ろうと思えば作れます。サービスアイデアに対して権利みたいなものは基本的にはないので、まねをしようと思えば簡単にまねできます。だから、重要なのは、よく「面《めん》を取る」という言い方をするんですけど、ユーザーが投稿してそこに自分の友達がたくさんいるという状況（ソーシャルグラフ）が生まれると、ユーザーはそのサービスから離れなくなります。だから、ソーシャルグラフをいかにつくれるかという意味で、面を取ることが重要になります。

そうなると、最初はビジネスモデルと呼ばれている「お金をください」というポイントを極力入

れないで、基本的にはサービスを無料でどんどん使ってもらって拡散させる方がいい。でも、フリー（無料）で広げていくのが良いのは分かるけど、じゃあ収入がない中で自分たちの運営資金はどうするんだ、という話になりますよね。そこで先ほどの資金調達が重要になります。資金調達の基本的な方法は、①自分たちで稼ぐ、②銀行でお金を借りる、③株式で調達をする、の3つです。そこで、僕らは株式で調達する方法を選びました。だから、いろんな方々に株主になっていただいて、その株式の代わりに出資していただくという形で、ランニングマネー（実際に事業を継続させるためのお金）を調達し続けています。このやり方が最近のベンチャー企業でよく行われている資金調達の方法だと思います。

ビジネスというのは、最初に売り上げを上げて利益を出しつつ、その利益で投資するというのが一般的な流れです。でも、そのやり方だと、特に、IT系のビジネスは間に合わない。とにかく、一早く資金を調達して、それを元手にサービスを大きく広げて、それからリターンを得るというのが、IT系ベンチャー企業のスタートアップ期における基本的な考え方になります。nanaもその考え方でやってきました。

ローンチさせるも、サービス不調で資金が尽きる

最初の資金調達である程度まとまった資金を得られたので、この事業にフルコミットしようということで、2011年の末に東京に出てきました。とはいえ、まだ実際にアプリの開発はできておらず、いろいろな問題が起こりました。スピードアップするために外注のエンジニアに頼んだのですが、3、4カ月ぐらいたって確かめたらコードが一行も書かれていなかった。何とか遅れ遅れになりながらも、2012年8月にサービスをリリースしました。これでもう絶対にいけると思ったんですが、サービスは全く鳴かず飛ばずでした。最初はいろんなメディアに取り上げてもらったこともあって、1日のダウンロード数が4千ぐらい、でも、次の日のダウンロードは2千、次の次の日は700、そこからは200、100、50、50、50みたいな状態で、延々と50ぐらいのダウンロードが続いていきました。

結果として、資金が尽きてしまいました。よく覚えています、2013年の2月のことです。会社の銀行残高が2万円でしたから。社員もいる中で、「来月からどうしようか」みたいな状況で、結構しんどい時期でした。nanaを維持するためには、毎月のサーバー代が10万円はどかかるので、何とか資金調達しなくちゃいけない。ベンチャーキャピタルはなかなかお金を出してくれません

でしたが、何人かの個人投資家から「面白いから出資するよ」と支援して頂いて、この危機を乗り越えました。

２０１３年10月には、音楽系の事業会社からまとまった金額を出資してもらうことができました。４人の創業メンバーのうち２人が辞めて、開発もできないような状態に陥っていましたが、資金のめどが立ち、またエンジニアを雇うことができました。それが２０１３年の11月のことです。そこからサービスのほうも順調に伸びていって、次の出資も決まって、今に至っています。

nana のビジネスモデル

nana は音楽サービスですが、コミュニティ・サービスでもあります。コミュニティ・サービスのマネタイズというのは、自分でやっていても難しいなと感じます。というのも、マネタイズのポイントが明確でないんですね。例えば、Netflix（ネットフリックス）や Hulu（フールー）のようなサービスの場合、このドラマシリーズを見たいから、この映画を見たいから、Netflix や Hulu に課金する。DAZN（ダ・ゾーン）を見たいから DAZN に課金する。とても分かりやすいサービスです。

一方、nanaのようなコミュニティ・サービスは、広告とプレミアム会員で収益をあげるビジネスモデルが一般的です。このビジネスモデルでポイントになるのは、プレミアム会員です。プレミアム会員になると、プラスアルファの機能が使えるという形で、有料課金してもらうのですが、プレミアム会員になったユーザーに「どうしてプレミアム会員に入っていただけたんですか」と聞くと、「nanaが好きだから」みたいな回答の人がほとんどなんですね。

nanaと同じようなコミュニティ・サービスのpixivさんのプレミアム会員も「pixivが好きだから」という理由で、ニコニコ動画さんのプレミアム会員も「ニコニコ動画が好きだから」とか「ニコニコは昔すごい楽しかったから、それを支えるため」というような理由の人が結構いたりします。これは、とても面白いなと思っています。プレミアム会員を増やすためには、そのコミュニティのファンになってもらわないといけない。

DMMに売却後もnana musicの経営を続ける理由

２０１７年初頭に会社をDMM.com（ディーエムエム・ドット・コム）に売却しました。その理由はnanaのサービスを続けるためです。売却後もＣＥＯとしてnana musicの経営を続けています。

起業家の人たちは、新しもの好きな人が多いと思います。もちろん、僕も新しいサービスや製品が好きですし、ＶＲやブロックチェーンなどの新しい技術を使って、あんなサービスやこんなサービスができれば、と思うことはあります。だけど、nanaというサービスでやりきっていないことがまだたくさんあります。自分の中で、nana musicの経営から退いて、もう一度ゼロイチ（起業[3]）をやる理由がないんですね。僕はnanaをもっと伸ばして、その延長線上で次のサービスを作っていきたい。これまで自分がやってきたものの上に積み上げていくことをやりたい。

世界中で使われるようなサービスを作ってみたいなと思っていますし、世の中に自分が生きた証をしっかりと残したいという思いがすごく強いですね。お金も大切ですが、お金は二番目で、自分にしか作れないオンリーワンのものを作って、「あ、俺いいもん作ったな」と思って死にたいなというのが一番にあります。

nana musicの経営を他の人に任せて、仮にもう一度別の事業をやったとしても、おそらく後ろ髪を引かれると思うんですね。だから、nanaをやりきる。で、nanaをやりきるために一番いい方法は何だろうと考えたときに、頑張って資金調達をするというよりも、資金のことに関しては、DMMさんにサポートしてもらって、自分はプロダクトや組織に集中するということを選んだわけです。

DMMに支援してもらう以前は、本当にもう資金調達で精いっぱいでした。それこそ感覚的にいうと、自分の頭の中の7割から8割は、資金調達や株主、半年分の資金繰りのことで、ずっとそれらに追われていました。そうなると、数字も短期的に作らなければならないので、相当なプレッシャーもありました。そういうのが一回全部取っ払われて、いまプロダクトや組織に集中できているのは、起業家・経営者として一段階上のフェーズに上がれたんじゃないかと、感じていますね。

組織マネジメント

スタートアップ期の10人程度の規模だと、会社をマネジメントするのは僕一人だけでいいんです。みんなと「あーだこーだ」言いながら、プロダクトを作ればいいだけなんです。でも、30人とかになると違ってくる。30人から200人ぐらいまでの会社規模が難しいってよく言われますけど、この規模になると1人では会社全体を追えない。マネジャー層や経営メンバーも必要になる中で、例えば、指揮系統でステップを踏んでいかなければいけないとか、会社が組織化していくところに対しての戸惑いみたいなものはあります。僕は全部自分でやりたがる人間なので、誰かに何かを任せるということが苦手です。でも、会社が大きくなると、いろんな人に動いてもらわなきゃいけない。

そういう意味で、社員一人ひとりの特性を理解した上で、コミュニケーションを通じて、やる気を引き出すみたいなマネジメントは大事だし、今、意識してやっています。でも難しいですね。僕はどちらかと言うと、プロダクトに集中するのが好きなタイプで、人に発破をかけたり、モチベーションを上げたりするような社員のマネジメントは苦手な方なので、この2年間いろいろと葛藤しながら学んでいるところですね。

起業家は足を動かして実際にその場にいることが重要

ＩＴ系の起業家たちが多く集まるバーがあるんです。僕もそこで出資が決まったりしました。初期フェーズの起業家がそこで数億円の資金調達が決まることもありました。そういうことがべンチャービジネスでは普通にあるんですね。

これは先輩起業家の受け売りなんですが、例えば、同じようなフェーズのベンチャー企業が二つあって、一方のベンチャーは資金調達が決まって、もう一方のベンチャーは資金調達が決まりませんでした。両者を分けたものは何なのかというと、資金調達できた起業家はその場所にいて、出来なかった起業家はその場所にいなかったからだと。ただそれだけだと言うんです。

絶対にうまくいくビジネスモデルなんて、人間には見極められないです。投資家たちがたままその場所で話をしていて、その中の投資家がある若手起業家を他の投資家に紹介しました。信頼している投資家同士で「彼はとても優秀で、頑張っているから、よかったら支援してあげてくださいよ」みたいな話になって、若手起業家も「僕はこんなことをしたいんです」みたいに話をして、その情熱が投資家に伝わると、「君、面白いね。じゃあいいよ、出資するよ」と出資が決まっちゃうんです。どうして出資が決まったかというと、もちろん実際にはいろんな要素があるわけですが、彼がその時にその場にいたから、というのは真理だなと。

「考えている暇があったら手を動かせ」とよくいわれますが、「手を動かすよりも、足を動かして実際にその場にいること」がさらに大事なことだと思っています。今その瞬間その場所にいるからこそ、いろんなチャンスが思いもよらないタイミングで転がってくる。そういう意味では、「取りあえず行ってみる。動いてみる。」という考え方は、個人的に大事だと思いますね。

頭が切れる人たちでも、あれこれ考えて、これは大した市場にはならないと自己完結してしまい、実際にはやらないというパターンをよく見てきました。そういう人たちは、意外と行動しなくて、起業しなかったりします。でも実は、そういうことをあまり考えない人のほうが、起業できたりするんです。その場所に行って大きな資本を手にすると、もっと大きな事業ができます。結果、動かない人よりも、動いた人の方が社会的価値は高くなります。結局、実行力に尽きると思います。

起業は難しいものでも大それたものでもない

資金調達に行き詰った２０１３年は本当に大変でした。これでもかというほどの困難さのことを「ハード・シングス」[4]と言いますが、ハード・シングスの度合いや種類は違うにしろ、起業家はみんな同じような経験をしています。でも、何か自分の好きなこと、自分はこれをやりたいというのでやっていたら乗り越えられますし、気が付いたら乗り越えています。目の前に小さな問題はいっぱいあって、それを解決していかなくちゃいけない。でも、目の前のボールを一つひとつ拾っていて気が付いたら、落とし穴を飛び越えていたみたいな感覚はあります。だから、起業もそれほど難しく考えずにやった方がいい。

起業というと、一般的にすごく難しいものだったり、大それたものというイメージがあるかもしれませんが、僕はぶっちゃけ全然大したことないと思っています。僕は、自分がやりたいことがあったからやった、それだけでした。

起業家にもいろんなタイプがいると思います。僕の周りでも起業家として成功している人たちのキャリアを見ると、グーグル出身だったり、ゴールドマンサックス出身だったり、コンサル出身だったり、本当にキラキラのキャリアを持っている人たちもいます。めちゃめちゃ頭が良い人たちもたくさんいます。ただ、決して素晴らしい経歴だけでは成功が決まらないのが、ビジネスの世界の面白いところです。

例えばですけど、pixiv さんだったり、ニコニコ動画さんだったり、僕がやっている nana を含めたサービスというのは「ビジネスをやるぜ」と意気込んで考えてやった結果、生まれたサービスではなくて、何か楽しんでる人たちがいて、その人たちが「これ面白いからやってみたらいいんじゃない」と言って始めた結果うまくいったパターンのサービスが、特に、to C（消費者向け）の世界では多いように思います。

起業することのメリット

僕は、起業はプラスにしかならないと思っています。今の自分がこれまで学んだものだったら、おそらくどこの会社に行っても通用すると思います。それは、ゼロイチ（起業）をやった経験のある人間というのは希少で、社会的な価値が非常に高いからです。世の中にゼロイチができる人間というのはあまりいないんです。先ほども言ったように、みんなリスクをおそれて起業したがらないんですね。もちろん、起業して会社を経営するのは普通にサラリーマンをやるのとは違った大変さはあります。でも、その大変さを乗り越えて、そこで得た学びというのは、確実に自分の社会的な価値となります。そして、起業を経験すると、おそらくお金を稼ぐことはそんなに難しいことではなくなります。

アーティストやクリエイターこそ起業を目指せ

これはあくまで仮定の話ですけど、もしnanaの事業が失敗してしまったとしても、僕はどこでも働ける自信があります。それは、おそらくエンターテインメントの領域でゼロイチができる人というのは、ほとんどいないからです。先ほどの話のとおり、起業する人の多くは金融出身やコンサル出身のようなお金に近い人だったり、「ビジネスでひと旗揚げてやるぞ」みたいな野心的な人間が多いんですよ。そういう人たちはエンタメの勘所がわからない人も多いです。

エンターテインメントというのは、とても感情的なもので、人の弱さとか、人間くさい部分がわからないとできない。だから、音楽だったり、クリエイティブな部分を理解した上で、ビジネスやお金に対する知識や経験を身につけることができたら、イージーモードとまでは言わないですけれども、音楽やエンターテインメントの世界でお金を稼いで生きていくことはそんなに難しい話ではないと思います。

アーティストやクリエイティブなことをやっている人というのは、あまりお金に興味がなかったりするじゃないですか。僕はそのこと自体、悪いことだとは思っていませんが、アーティストとして本当にお金を稼ぎたいのであれば、お金やビジネスのことを知っておかないとやはり稼げないと思います。

音楽はあくまでも趣味として続け、お金を稼ぐのは普通の会社に入ってサラリーマンとして稼ぎます、というのであれば、それでいいと思います。それは素晴らしい生き方だと思います。でも、好きなことでご飯を食べたいのであれば、全体的な市場とか、世の中やビジネスのトレンドとかを把握しておかなくちゃいけない。実際のところ、音楽やアートの市場というのはそんなに大きくないし、その価値を分かる人たちも多くはない。そのような小さくて狭い世界で、自分のやりたいことや好きなことをやって食べてきたいのなら、考えてやらなければいけないと思います。

好きなことと得意なことの違い

どうやったら音楽で成功できるのかということを考えた場合、「自分が好きなことと得意なことを理解する」ことが重要だと思います。好きなことというのは得意なことと違っていたりするんですね。

僕の場合だと、実際に事業をやってく上で、オペレーションも普通に好きだし、数字を見て考えるのも好きです。でも、具体的にやりたいことを実行していくことが個人的には好きなんですね。僕が以前やっていたモータースポーツというのは、アートとサイエンスが融合していて、僕はサイエンスの部分が楽しくて好きで、自分もできると思ってやっていたんですけど、僕よりうまい人はいくらでもいるなということがやってみて分かりました。

その一方で、自分の得意なことというのは、自分ではそんなに頑張ったつもりではないけれど結果が出る、周りから「すごいね」みたいなことを言われることが、その人にとっての得意なことなんですね。つまり、得意なことって、おそらく自分ではあまり意識していないことで、他人から評価されることだと思います。そして、自分では意識していなかったけれど、僕が得意だったのが、人を巻き込むことだったんです。人を巻き込むことができるからお金を調達することもできるし、優秀な人たちと一緒に働くこともできる。でも、僕自身は人を巻き込むことが好きだと思ったことなんて、一度もないんです。でも、周りから、「人を巻き込むのはお前にしかできないよ」と、いつも言われるんです。自分がめちゃくちゃ頑張っているとか、意識してやっていることじゃないのに、結果が出る。もしくは、第三者からの評価が高いことが、自分の得意なことなんじゃないかと思っています。

自分の好きなことがあって、その一方で自分の得意なことがある。この二つが合致している人は、もう万々歳だと思います。でも、実際、そう簡単にはいかないですよね。だから好きなことと得意なことは分離して考えられるようにするといいと思います。今、自分が好きなことはこれだ、でも、自分の得意なことはこれだ、みたいな。その上で、自分の好きなことと得意なことのポジティブな妥協点を見つけ出して、それを世の中の市場に対して何かに生かせないかということを考えられるようになれば、おそらくいろんなものが見えてくるんじゃないかと思います。重要なのは、「得意なことは何か」と「好きなことは何か」をずっと考え続けることだと思っています。

チャレンジしようとしている起業家を支援したい

投資家は、投資したベンチャー企業に優秀な人材を紹介したり、資金面だけでなくいろいろな支援をしてくれます。そうやって、ベンチャー企業は、投資家から良い人材を紹介してもらって、次の取引や仕事につなげます。こういった人や資金がぐるぐる回っていくことをスタートアップ・エコシステムと呼んでいます。

シリコンバレーに比べると、日本は遅れていますが、ここ7、8年くらいでかなり根付いてきた印象をもっています。というのも、IPO[5]やM&A[6]である程度の資産を持っている起業家の数が増えてきたからです。おそらく僕の会社に出資してくれた孫泰蔵さんも、みんながなかなか起業しないので、後輩を育てたいというお考えだと思います。起業しようとしている人を支えたいというのは、投資家の皆さんが思っていることで、今は良いエコシステムが回っている感じがします。自分も投資家の方々に助けていただいたので、今後は自分が若い起業家に投資をしたい。やはり僕は、チャレンジをしようとしている起業家が好きなんですね。だから、いずれそういう人たちを支援したいと思います。

脚注

1 2019年7月時点。

2 アフリカの飢餓と貧困層を解消する目的で作られたキャンペーンソングで、アメリカのスーパースターが一堂に会したプロジェクト「USAフォー・アフリカ」として1985年にリリースされた。作詞・作曲はマイケル・ジャクソンとライオネル・リッチーが共作で行い、プロデュースはクインシー・ジョーンズが担当した。

3 ゼロ（0）からイチ（1）を生み出す、つまり起業のこと。

4 『ハード・シングス』（ベン・ホロウィッツ著、滑川海彦・高橋信夫・小澤隆生訳、日経BP社、2015年）

5 IPOとは、「Initial Public Offering」の略で、未上場企業が新規に株式を証券取引所に上場し、株式市場での売買を可能にすること。

6 Mergers（合併）and Acquisitions（買収）のことで、企業の合併や買収の総称。

2

柴田　萌

株式会社リリムジカ
創業者・代表取締役

柴田 萌（しばた もえ）

株式会社リリムジカ創業者、代表取締役。ミュージックファシリテーター。日本音楽療法学会認定音楽療法士。人が最期まで自分らしく生きられる社会をつくるため、介護を必要とする人が主体的に楽しめる音楽の場づくりを展開。担当したセッションは合計1,000回以上に及ぶ。高校生のとき、音楽を人の心身の健康に活かす「音楽療法」に出会い昭和音楽大学音楽療法コースへ進学。しかし、音楽療法士としての就職先の少なさを知り、2008年大学卒業と同時に株式会社リリムジカを創業。介護現場にてセッションを行いながら認知症のことを学ぶうちに、「音楽療法」から「ミュージックファシリテーション」へと考え方をシフト。個人にアプローチする「療法」よりも周囲の人を含めた環境全体にアプローチする「場づくり」という概念で、介護現場が“その人らしさ”であふれる場でありつづけられるよう尽力している。

音楽好きの両親の影響で音楽教室に通い始める

母は幼稚園の教諭をしていたこともあり、昔からピアノを弾いていました。父は演奏しませんが、クラシック音楽が大好きで、今でもNHK交響楽団の定期演奏会に行っています。両親ともに音楽好きですが、将来、私を演奏家にしたいという感じではありませんでした。

母親のすすめで4歳の時から、地元(群馬県太田市)のヤマハ音楽教室に通い始めました。当時のヤマハ音楽教室は、音楽の基礎を学ぶジュニアコースと、和声や作曲などのより専門的なことを学ぶジュニア専門コースに分かれていて、試験の結果、私はジュニア専門コースに入りました。そこでは、結構、難しいことを教わっていたのですが、楽しんでやっていました。ヤマハでは、はじめピアノを習っていましたが、小学4年生からエレクトーンに変わり個人レッスンを受けるようになりました。

小学校では、ブラスバンドに入りコルネットやアルトホルンなどもやっていました。また、地元に子どもだけのジュニアオーケストラがあって、そのオーケストラでトロンボーンを吹いたりもしていました。他にもパーカッションをやったり、いろんな種類の楽器に触れるのが楽しくてやっていましたね。

中学・高校でボランティア活動にのめり込む

中学生になると、ボランティア活動に興味を持ちました。中学の友人がＹＭＣＡのキャンプなどに参加していて、その友人に誘われたのがきっかけです。ＹＭＣＡは地元の隣町の栃木県足利市にあり、友人たちと「私たちもボランティア活動に参加したい」と掛け合って、中学生ながら大学生と一緒にキャンプの運営に参加させてもらえるようになりました。

ＹＭＣＡでは、例えば、まちの自動販売機に点字のシールを貼って、目の不自由な人がコーヒーやジュースを判別できるようにしたり、障害者の方々と交流したり、バザーを開催したりしました。あと、ユースボランティアの活動は、キャンプやスキー、日帰り遠足があったので、大学生と一緒に参加者の引率を手伝ったりしました。

ＹＭＣＡのボランティア活動は、中学校卒業後、高校に入ってからも続けました。忙しい時期は、土曜日の午前中に高校で授業を受けて、お昼にＹＭＣＡの担当者にマイクロバスで高校まで迎えに来てもらい、そのまま直接キャンプに出かけたりしていました。ＹＭＣＡの活動は、普段の学校生活とは全く異なる外の世界でした。大学生や大人たち、そして子どもたちとたくさん交流する機会があって、単純にそれが楽しかったです。だから、ボランティア意識というか、人の役に立つためにボランティア活動をするみたいなことは、正直なところあまり深く考えてやっていませんでした。

中学、高校と、ボランティア活動にのめり込んでいたのですが、ヤマハの音楽教室だけは続けていました。エレクトーンの個人レッスンで付いている先生が自分の指導する生徒たちのグループを作って、そのグループで毎年アンサンブル大会に出場していました。グループの中にとても上手な人がいて、毎回、大会の上位まで進むので、その大会に向けて一生懸命練習していました。でも、それ以外の音楽活動はやっていなかったですね。

音楽療法との出会い

私の母はかつて幼稚園教諭をしていましたが、教諭を辞めた後も地域の子どもたちに絵本の読み聞かせをしたり、パソコンを教えたり、子ども向け施設でボランティア活動を行ったりしていました。ずっと教育畑の人なんです。その母が学習障害の子どもをテーマにした、ある教育関連の勉強会に参加したとき、音楽療法というものがあることを知り、『元気のでる音楽療法～音楽療法へのご招待～』という本を購入したんです。そして、母から「こういう本があるんだけど、興味あったら読んでみる?」と渡されて、その本を読んだのが音楽療法との最初の出会いです。高校3年生の春です。

その本はすらすらと読めました。それまでの私にとって、音楽は自分のためだけのものでした。ただ楽しいから演奏するみたいな。でも、音楽をただ演奏して終わりというのではなく、音楽が何かに生かされることをその時に発見したんです。そして、音楽の仕事というと、「演奏する人と聴く人」、あるいは「教える人と教えられる人」というような二極化の関係性の中で成り立つものだと思っていましたが、音楽療法では、「音楽療法をやる人とそれを受ける人」が、「一方が教えて、一方が教えられる」という単純な二極化の関係性ではなく、音楽を使って一緒に何かをするという関係性であることを知りました。「これは面白そうだ」と思いました。それから、当時、音楽之友社から、『the ミュージックセラピー』というタイトルの雑誌が出ていて、その雑誌や本屋に並んでいる音楽療法関連の本をかき集めて読みました。音楽療法に対する興味がどんどん湧いてきました。

国公立大学から音楽大学へ 志望先を変更

幼い頃から私を知っている母親の友人などは「萌ちゃんは音大に行くの?」と聞いてくるんで

す。でも、私は、音楽は自分の趣味であればいいと思っていたので、「行きません」と答えていました。ヤマハの先生にも、「あなた、本当に音大に行かないの？」と何度も聞かれました。でも、私は「行きません」と。そのやり取りを中学3年生くらいから高校3年生までずっとやっていました。だから、音楽大学への進学は本当に考えていなかったんです。

高校は普通科クラスで、得意科目は数学、物理、化学でした。だから、国公立大学の理系学部を志望していました。でも、音楽療法を知ってから、音楽療法が自分の一番の関心事になっていました。高校にマンドリンや弦楽器を演奏している数学の先生がいて、数学と音楽の両方で私と共通点があったので、その先生にいろいろと相談していました。そして、音楽療法について話をしていたら、先生から「柴田は、音楽療法の話をしているときが一番楽しそうだね」と言われたんです。友人にも同じようなことを言われました。その時、音楽療法に興味があることを自覚して、進路についても考え直すようになりました。

センター試験を受験して国公立大学の理系学部に行くつもりだったのが、志望先を音楽大学に変更するとなると、大きな方向転換です。これまでセンター試験を受験するために予備校に行かせてもらっていたし、国公立大学と私立の音楽大学だとかかる学費もだいぶ違います。反対されるだろうなと考えつつ、母親に駄目元で、「音楽療法を学ぶために音楽大学に進学したいんだけど」と話しました。すると、母からは「いいんじゃないの」と即答されました。それで、音楽療法を学ぶために音楽大学に進学することを決めました。

昭和音楽大学の音楽療法コースを受験

音楽療法を学ぶために音楽大学への進学を決めましたが、その時はすでに3年生の6月でした。お話したとおり、私は中学と高校の6年間、ボランティア活動に打ち込んでいたため、ヤマハでのエレクトーンのレッスンを除いて、クラシック音楽から完全に離れていました。

エレクトーンしか弾けない今の自分が、ピアノで十分な準備をしてきた人たちと音大受験で戦ったら負けるな、と正直思いました。その時、音楽療法コースを持つ音楽大学の中で、昭和音楽大学だけが自分の得意楽器で受験できることを知りました。なおかつ、当時、音楽療法を学ぶことができる音楽大学は限られており、その中で昭和音楽大学の音楽療法コースは教授陣もカリキュラムもとても充実していました。そこで、受験校を昭和音楽大学の音楽療法コースに絞って受験することにしました。

結果、試験に合格し、昭和音楽大学音楽学部音楽芸術運営学科音楽療法コースに入学することができました。昭和音楽大学での大学生活は本当に楽しかったです。途切れることなくずっと音楽に浸ることができ、とても幸せでした。例えば、憲法などの音楽とは関係ない授業を受けていても、教室の隅には必ずピアノがありましたし、他の教室から音楽が聞こえてきます。そういった音大ならではの環境を幸せに感じました。そして、ずいぶん離れていたピアノも、レッスンを受けて一生懸命練習したので、４年間で取り戻すことができました。

昭和音楽大学で音楽療法の勉強漬けの日々

昭和音楽大学の音楽療法の学習環境はとても充実したものでした。専任の先生方に加えて非常勤の先生を入れると、音楽療法コースだけで６名ほどの先生がいらっしゃいました。高校時代に音楽療法の現場を見学することができず、音楽療法に対して「音楽で人を癒やして幸せにする」という浅いイメージしか持っていませんでした。でも、実際に大学の授業が始まると、先生方が語るエピソードの中には、音楽療法士として看取りに立ち会った話など、生死に関わる壮絶なものがあったりして、当初抱いていた音楽療法のイメージは覆されました。実際に、学生の中には、その重みに耐えきれずに音楽療法から離れる人もいました。私も最初は驚きましたが、そういったことを含めて、改めて音楽療法の面白さや奥深さを感じました。

昭和音楽大学の音楽療法コースは実践的な授業を重視していて、3年になると、週1回の頻度で実習授業が始まります。この実習では、音楽療法のいろいろな領域をひと通り経験することを目的に、1年を4クール（期）に分けて学んでいきます。領域としては、子ども、高齢者、精神科の3つの領域なのですが、4クールで学ぶということで、3つのうちの一つは2回同じところに実習に行くことになります。私は、子ども、高齢者、精神科、子どもの順番で実習を行いました。

3つの領域の病院や施設に実習に行くのですが、私は子どもの領域の実習が一番面白かったです。だから、4年に上がるときに、3つの領域の中から自分が希望する領域を選択する際、子どもの領域を選びました。そして、4年に上がると、子どもの領域で活躍されている先生のゼミに配属されることになりました。

4年の実習は、基本的に1年間同じ施設で実習を行います。私のゼミは、大学が所有する音楽療法室で行われ、外部から子どもたちが音楽療法室を訪れて実習を行うというもので、私が担当したのは、中学生の自閉症の6人グループでした。そのグループで実習を行いながら、ゼミの先生が外部の活動として行っていた、公立中学校の特別支援教室での音楽療法に同行させてもらい、軽度の発達障害の子どもたちを対象とした音楽療法についても学びました。

音楽療法士のマネジメント会社がないなら、自分が会社を設立する

実習を経験するまで、音楽療法を将来の自分の仕事にするかどうか、まだ決めていませんでした。大学1、2年生のときに見える音楽療法の景色というのは、大学の先生の話を通してのものしかないんです。外部で音楽療法をやっている人に会う機会もあまりないので、仕事としての音楽療法というもののイメージが湧かないんです。でも、3、4年の実習授業を通して仕事内容が分かりはじめ、先輩たちが卒業後、音楽療法士としてどういうふうに働いているのかという情報も少しずつ入ってくるようになり、徐々に音楽療法の実態が見えてきました。そして、私が音楽療法を自分の将来の仕事として選ぶ決め手になる出来事が3年生の実習授業で起こりました。

4クール目の実習で、ある自閉症の子どもと出会いました。初めてその子に会ったとき、本当にもう異世界の人だと感じて、どうすればこの子と仲良くなれるのか皆目見当も付きませんでした。それが音楽を通じて一緒の時間を過ごしていると、少しずつお互いの距離が縮まっていくん

です。これが何もない素の状態の1対1だったら絶対に仲良くなれなかったと思うのですが、音楽を通してだと不思議と仲良くなれたんです。その時、音楽療法の力を実感しました。そして、この頃から、次第に、音楽療法士として働きたいという気持ちをもつようになりました。

4年に上がる直前くらいから、卒業後の進路として音楽療法士を真剣に考えはじめたのですが、2007年当時、音楽療法士の仕事のほとんどが非常勤の仕事でした。例えば、介護施設であれば、「週1回、午前10時から午後3時まで」といった勤務形態が多かったです。当然、それだけで食べていけるわけがありません。だから、音楽療法士の多くは、非常勤の仕事をいくつか掛け持ちしながらやっていました。非常勤の掛け持ちというのは本当に大変で、それをやっている先輩もいたのですが、自分で複数の働き先を探さなくてはいけないし、非常勤なので待遇も良くない。非常勤の仕事を10年間続けたとしても、収入はそれほど上がらないと思いました。

そこで、フリーランスで音楽療法の仕事をするのではなく、音楽療法士のマネジメント会社のようなところに所属して活動するのかはどうかと考えて、マネジメント会社を探しました。しかし、そういった会社はありませんでした。音楽療法士のマネジメント会社がないのなら、自分でつくろうと思い、その時、起業を決意しました。

起業セミナーで知り合った共同経営者と会社を設立

いざ会社をつくろうと思っても、当時の私は一介の音大生だったので、起業や会社のことが何も分かりません。そこで、２００７年8月にＥＴＩＣ.（エティック）いう若者の起業支援を行っているＮＰＯが主宰するビジネスプラン策定セミナーに参加することにしました。

管偉辰さん[1]とは、そのセミナーで初めて知り合ったんです。二人とも同じ年齢の大学4年生で、起業の経験はありませんでした。私は起業のアイデアはあるけど、それをどう実現すればいいか分からない。彼は起業のアイデアを持っている人を探しているという状況でした。そのセミナーは全4回行われていて、最初の勉強会で、私は「起業のことはよく分からないけれど、音楽療法は絶対に良いものなので、何とかして仕事にしたいです」と訴えていたんです。それを聞いていた彼が、「音楽療法というのは、どういうものなんですか」と質問してきたんです。普段、人と音楽療法について話をしても、「音楽療法って、癒やされるんでしょ？」くらいしか言われないのに、彼はいろいろと聞いてくるんです。彼が音楽療法に興味を持ってくれたことに感動しました。それで、二人でいろいろな話をしていく中で意気投合して、そのセミナーの最終回に行う発表を二人で行うことになったんです。それが、リリムジカのはじまりです。

そこで、大学を卒業してすぐの2008年の4月に、管さんと二人で、株式会社リリムジカを立ち上げました。自分たちが提供しているサービスで正当なお金をいただきたいと思い、株式会社での会社設立を選びました。当時、周囲の大人から「そんなものは儲からないよ」と言われましたが、そういった意見はスルーして起業しました。

高齢者向けサービスの依頼が舞い込む

会社を立ち上げたところまでは良かったんです。会社をつくるのは簡単です。法務局に書類をただ出せばいい。今だと、資本金は1円でいいし、全部で25万円ぐらいのお金があれば、登記できます。でも、なんのツテもノウハウもなく会社を立ち上げてしまったので、最初は全く仕事がありませんでした。初年度の会社の売り上げは15万円でした。当然、食べていくことができるわけなく、アルバイトをしていました。

15万円という初年度の売り上げをどう伸ばしていけばいいんだろうと考えているときに、絶対にやらないと思っていた高齢者向けの仕事が舞い込んできました。どうして、高齢者向けの仕事をやらないと思っていたかというと、大学で学んだ私の専門分野が子どもを対象とした音楽療法だったからです。卒業してから、お年寄りとの接点がほとんどなかったので、高齢者向けの音楽療法の仕事は自分には縁がないだろうなと思っていたところに、仕事の依頼がきました。「どうしようかな、私にできるのかな、あまりやりたくないな」と思っていました。でも、年商15万円だと生活できないので、背に腹は代えられないと思って、渋々仕事を引き受けることにしました。はじめは渋々仕事を引き受けたのですが、実際に高齢者向けの仕事をやってみると、楽しさとやりがいを感じることができました。それ以降、介護施設から少しずつお仕事をいただけるようになりました。

実践を通じて、音楽療法の難しさを痛感

介護施設からの仕事の依頼が少しずつ増えてきて、高齢者向けの音楽療法を続けているうちに、音楽療法という言葉になんとなく違和感をもつようになってきました。

日本で最も大きい音楽療法の団体に日本音楽療法学会というところがあります。「認定音楽療法士」の資格試験を主催する団体で、私もこの資格をもっています。日本音楽療法学会では、音楽療法を「音楽のもつ生理的、心理的、社会的働きを用いて、心身の障害の回復、機能の維持改善、生活の質の向上、行動の変容などに向けて、音楽を意図的、計画的に使用すること」と定義して

います。そして、音楽療法の目的には「子どもの発達支援」「学習支援」「認知症の症状の緩和」「病気・事故後のリハビリテーション」「心のケア」などがあると説明しています。

つまり、「音楽療法」が含める範囲ってものすごく広いんです。でも高齢者に行うものと子どもに行うものでは目的も内容も違ってきます。これを全部「音楽療法」という言葉で説明しても現場ではうまく伝わらないことも多くて、モヤモヤしていました。

また、音楽療法学会は、自分たちのやっていることに対するエビデンス（科学的・医学的な根拠）、つまり、「これをやったら、これだけよくなりますよ」というのを確立していこうとしています。それは、医療の現場であればとても大切なことだと思うのですが、介護や福祉の現場ではエビデンスを出すのは非常に難しい。

そして、そもそも医療と同じようにエビデンスを求めていくやり方でいいのだろうか、という疑問もありました。現場では、数値よりも「誰々さんが笑顔になった」とか「普段歌わない方が声を出した」といったことを重視している方が多いように見えるからです。

私は4年間大学で音楽療法を学んできました。その時は、「音楽療法は素晴らしい」と思っていたのですが、実際に介護施設で音楽療法の仕事をするようになると、「音楽療法」の難しさに気づいたんです。

音楽療法ではなく、ミュージックファシリテーション

大学で学んできた音楽療法と、介護現場で行う自分の仕事との間にギャップを感じていた時、私にとってターニングポイントになる出来事がありました。グループホームで暮らしている大阪出身の認知症のある女性との出会いです。認知症は、月日が進んでいくと、だんだんと症状が進行していきます。出会った頃はよく冗談のやりとりをしていたその女性も、少しずつ表情の動きが少なくなり、笑顔も減り、明らかに状態が落ちてきていました。

その方はほとんど自分から言葉が出ないし、文字を読むことも難しかったのですが、ある日、歌詞をゆっくり見ながら、一番の最初の一節を歌って、涙をほろっと流されたんです。それは昔からある童謡の『かあさんの歌』という悲しい歌でした。それを見た介護職員さんが、「この方は、お話をすることも、文字を読むこともう難しくて、感情を表現するなんてできないと思い込んでいたけど、歌っている姿を見て、自分の思い込みに気付きました」とおっしゃったんです。

今のところ、認知症は多くの場合治すことができず、進行は止められません。すべての人に共

通して効果のある認知症予防法というのも、まだ存在しません。だとすると、音楽が直接認知症に効いているのか、効いていないのかを議論するよりも、認知症のある方の素敵なところを介護職員さんと一緒になって発見する場をつくること、つまり、「音楽の場づくり」が大事だと思いました。ご本人を見守る周囲のまなざしが常にあたたかいことや、音楽の場で発見したポジティブな一面が明日のケアに活かされることにこそ意味があると思うからです。そうすると、自分のやりたいことを「音楽療法」という言葉では説明できなくなってくるわけです。そこで、私は、音楽療法ではなく、「音楽の場づくり」という言葉を採用することにしました。そして、「音楽の場づくり」という文脈を踏まえて、自分たちのやっていることをミュージックファシリテーションと呼ぶことにしました。

ミュージックファシリテーションと音楽療法の違い

音楽療法は個人にアプローチします。手段は複数が集まって行う集団セッションであっても、基本的には一人ひとりが音楽の活動を通して変わるか、変わらないかを見ます。関係性は音楽療法士と対象者です。音楽療法の目的には「ＱＯＬ（Quality of Life＝生活の質）を上げる」という言葉が掲げられることもありますが、「療法」なので、「治す」という治療的な視点が入ります。例えば、介護現場で行われるときは、認知症の進行や身体機能の低下を遅らせるとか、脳を活性化させるといったことが意識されることが多いです。内容は、音楽療法士が事前に用意したプログラムを中心に行います。

一方、私たちが提唱しているミュージックファシリテーションは、個人というよりも環境にアプローチします。参加者だけでなく、参加者を取り巻く介護職員さんにもアプローチするので、環境ということになります。ファシリテーターと目の前にいる参加者の方々、加えて、介護職員の方々がいて、その関係性は対等です。

ミュージックファシリテーションで行われるプログラムは柔軟性があります。例えば、参加者の方が美空ひばりを好きならば、美空ひばりの楽曲を用意しておくのですが、一方で当日の参加者の方々の表情や話の流れ、その場の雰囲気によってかなり流動的に内容を変化させます。体を少しほぐして動かしたり、一緒に歌を歌ったり、楽器を使ったりするのですが、曲の合間に皆でおしゃべりしたりすることがすごく大事だったりします。そして、病気や障害への治療ではなく、参加者の病気や障害を受け入れた上で、参加者の素敵なところに光を当てることを目指しています。

音楽療法からミュージックファシリテーションという言い方に変えた当初、自分ではまだ分かっていなかったのですが、いろいろ勉強していくと、ミュージックファシリテーションは「ケア」の考え方に近いということが分かってきました。認知症はやはり治らないのです。実際に介護の現場にいると、そこで起きていることは日常生活の連続です。介護の現場で求められているのは、専門家がやってきて、「私の学んできた専門的な知識をもってすれば、あなたの病気は治りますよ」というセラピーではなく、「この日常生活を彩りのある素敵なものに一緒にしましょう」というケアの方が求められていると感じています。

介護現場の現実

介護施設の利用者や入居者の中には、制限の多い生活をされている方々がいます。まず、施設に入る時点で、入口に鍵が掛かっている所もあります。そうすると、自分が外に出たいときに出られません。また、1人で歩くと転んでしまう転倒リスクがある人だと、席を立っただけで注意されてしまうこともあります。さらに、施設の都合で食事やお風呂の時間が決まっているところも多く、本当は夜にお風呂に入りたいのに、午前中の時間帯にお風呂に入ってくださいと言われたりします。こういう生活を続けているうちに、少しずつできることが減っていくケースがあります。

これは介護施設だけが悪いわけではないのですが、転ばないように、やけどをしないように、けがをしないように、他の人に迷惑がかからないように、と職員の方が気を配ると、「あれはやらないで」、「これはやらないで」ということの連続になってしまい、できることが少なくなっていくわけです。奪われると言ってもいいかもしれません。その結果、毎日が退屈になります。「早く死にたい」という方に出会うこともあります。これは本当に切ないです。そういった、あきらめ感みたいなものが現場に漂っていることもあるんです。

でも、仕事をしていると、すばらしい介護施設や介護職員の方々にお会いすることがあります。高齢者、一人ひとりの個性や尊厳をとても大事にしていて、「どう生きて、どう死んでいきたいのか」にきちんと向き合って、高齢者に寄り添っていらっしゃいます。認知症になったり、認知症が進行したりすると、もう終わりなのかというと、そうではありません。認知症になったとしても、安心に暮らせるという視点で介護に取り組んでいる方々はたくさんいます。そして、何よりも介護の仕事をすごく楽しんでいる方々に、私はたくさん出会いました。そういう方々も介護の現場にはたくさんいるんです。

ミュージックファシリテーションを通じて、すてきな場が生まれる

介護施設にいると、黙っていてもご飯は出てくるし、お風呂にも連れていってくれるので、高齢者が能動的に何かをする機会は減っていきます。例えば、朝起きてパジャマのまま朝食を召し上がる方もいらっしゃいます。でも、施設で演奏会があったりすると、「今日は音楽があるから」と言って、ちょっとおめかししてくる方がいたりします。

認知症の方の中には、「今日が何月何日何曜日で、自分は何をしているのか」がつかみにくくなる方がいらっしゃいます。それが、われわれのミュージックファシリテーションを通じて、「毎週火曜日は音楽の日ね」というように曜日感覚を取り戻した方もいらっしゃいます。

大正琴という、ボタンを押しながら弦をはじくことで音が出る楽器があります。五線が読めない人でも演奏できるという楽器です。ある女性の方ですが、介護施設に入居してから「もう大正琴はできないからいい」と言って、大正琴を演奏することを止めていたのですが、私と介護職員さんが連携して、再び演奏できるようになりました。本人はまた演奏できるようになったことを喜んで、他の介護施設で出張演奏をするまでになりました。その方は、この時期にいろんなことが同時にできなくなって落ち込んでいて、「何か自信を持たせてあげたい」という介護施設のホー

ム長の思いで、この取り組みが行われました。

介護施設や認知症というと、暗くて、大変というイメージばかりが強調されますが、実際の現場はそういった側面ばかりではありません。介護の現場には素敵なケアをされている介護従事者の方々がたくさんいて、日々、すてきな場が生まれています。私たちはミュージックファシリテーションを通じて、そのお手伝いをしているのです。

仕事をする動機に変化が

高齢者向けのミュージックファシリテーションの仕事をするようになって、この仕事をする動機が変わっていきました。最初の動機は、たくさんのお金や時間を費やして勉強した音楽療法という仕事は可能性がありそうだし、この仕事で食べていけるようにしたいというものでした。でも、高齢者向けの仕事をしていく中で、次第に、「介護を受けて生活をしている人たちが、最期まで自分らしく幸せに生きられるようにしたい」、「自分が最期死ぬときは、自分らしい生活ができる世の中になっていてほしい」という動機に変化していきました。今は、その思いが私の原動力になっています。

しかし、うちの会社は営利企業ですし、ミュージックファシリテーションは慈善事業ではありません。営利企業としての努力をしなければなりません。まず、介護業界や介護施設、認知症のことをかなり勉強しました。今も継続的に、介護福祉に携わる専門家や実践家の方々のお話を聞きにいっています。そして、プログラムの導入を検討される施設の方々には、単純に高齢者の方にどういう成果を出したいかということだけでなく、施設の運営や、職員さんたちが課題に感じていることをヒアリングした上で内容をご提案するようにしています。それは、リリムジカに仕事を依頼するかどうかの決定権はあくまでも施設側にあるからです。だから、施設側のニーズを把握しないと話が進みません。

また、ミュージックファシリテーターの水準を高く保つようにしています。この仕事は音楽を道具にして、人と一緒に何かをしたいということが問われる仕事です。したがって、「音楽で自己表現したい」、「自分の音楽を聴かせたい」といった動機が最初に来る方はミュージックファシリテーターには向いていません。ミュージックファシリテーションを行うにあたり、それが1番の動機に来ると、目的や対象が見えなくなってしまいます。ですから、そういったアーティスト気質の方は他のシーンでご活躍なさる方がいいと考えています。

ミュージックファシリテーターに資格はいらない

先ほど述べたように音楽療法士という民間資格がありますが、ミュージックファシリテーターに資格は必要ありません。そして、ミュージックファシリテーターの中には音楽療法士の資格を持っている人もいれば、資格を持ってない人もいます。ミュージックファシリテーションの仕事を始めるにあたり、音楽療法士の資格を持っていると、若干、仕事がやりやすいかもしれません。しかし、仕事を始めた後の報酬や待遇、仕事内容に、資格の有無による差はありません。リリムジカが求めるミュージックファシリテーターの要件は、音楽療法士の資格を持っていることではありません。

全くの未経験だけど、ミュージックファシリテーションをやってみたいという方もいるので、そういう方にはリリムジカ独自のミュージックファシリテーション実践講座を開いています。ミュージックファシリテーション講座は、音楽療法士の資格取得講座よりも介護系の内容が多く、介護施設での実習も行います。その講座を通して現場デビューする育成システムを整えています。

ミュージックファシリテーターの働き方とマネジメント

リリムジカでは、ミュージックファシリテーターが介護施設に伺って、参加型の音楽プログラムを実施しています。現在、当社と契約している施設は、全部で154カ所あります。施設には、介護を必要とする人が自宅から通う施設もあれば、特別養護老人ホームや有料老人ホームなどの居住タイプの施設もあり、さまざまです。サービスの提供エリアとしては、東京、埼玉、神奈川、千葉、群馬、栃木です。関西にもミュージックファシリテーターがいて、大阪、兵庫周辺の施設に行っています。

リリムジカには、現在、33名のミュージックファシリテーターがいます。ミュージックファシリテーターの方々とは業務委託契約を結んでいます。ですから、ミュージックファシリテーターは個人事業主となり、仕事の業務量も選べるし、兼業も可能です。ピアノの先生や、葬儀場で演奏するセレモニー・プレーヤーと兼業している方もいますし、主婦をしながらやっている方もいますし、ミュージックファシリテーターをメインの仕事としてバリバリ働いている方もいます。

リリムジカには出社という概念がありません。ミュージックファシリテーターには、介護施設に直行直帰していただいています。私も自宅から現場に直行直帰することが多いです。仕事の管理に関しては、「今日この施設で仕事をやりました」という記録を、アプリを使ってウェブサービスにアップしてもらうようにしています。そんな感じなので、みんながいつも顔を合わせているわけではありません。

しかし、派遣会社のように、「この施設の仕事を取ったから行ってね、よろしく」というような希薄な人間関係ではなく、密な人間関係を保つようにしています。例えば、ミュージックファシリテーターの皆さんがいろいろな技術を磨いたり、知識を習得できるようなスキルアップ研修の場を設けたりして、お互いの学びをシェアするようにしています。「この施設でこういうのを試したらうまくいったよ」とか、「この曲がこういう層の方に受けたよ」とか、「施設からの契約解除の危機をこういうふうに乗り越えたよ」とか、様々なことをみんなでシェアする文化を持っています。また、特定の方と電話で連絡を取り合って、1カ月間の振り返りをしたり、悩み相談を受け付けたりする仕組みもつくっています。

ティール組織を実践

会社組織の構成としては、役員が2名でうち1名が私です。それから社員が2名（うち非常勤1名）、学生インターンが1名です。このような小規模な組織なので、運営機能も小さいです。だから、総務部や人事部、営業部などの部署はないです。おそらく、これからも作りません。役職もつくらないです。そもそも部署がないので、部長とか、何とかマネジャーは要らないと思っています。

部署や役職をつくらないのは、階層をつくらないということです。普通、会社というと、トップに社長がいて、その下に副社長や専務取締役がいて、その下に部長が、その下に課長が、係長が、というピラミッド型の会社組織が多いと思います。でも、今、こういうピラミッド型ではない組織をつくろうという動きが少しずつ出てきています。

階層がない新しい働き方の組織をティール組織[2]と言います。ティール組織は、階層がないので、極端に誰が偉いとか、偉いからたくさんのお金をもらえるとか、そういったこれまでの考え方を覆しています。メンバー一人ひとりの仕事への向き合いを性善説的に信じる運営方法で、誰もが会社の意思決定に関わることができます。この「信じる」という思想そのものがすばらしいと思っています。

階層関係なく働くことの何がいいかというと、くだらない権力争いや社内政治が起きません。加えて、自分が苦手な仕事を無理にする必要がなく、自分の得意な仕事をしてくださいという考え方がベースにあるので、精神的に健康で楽しく働くことができます。健康で楽しく働くことができるようになると、「よし、仕事をやるぞ」と前向きな気持ちになるので、パフォーマンスも上がります。ティールの実践を少しずつ進める中で、遠隔で仕事をしているというのはむしろティール組織にとってすごく課題になるということがわかってきました。それでもティールがうちに合っていると感じているのは、ミュージックファシリテーターがもともと地位やお金よりも、介護現場でどんな良い働きができるかを重視しているからです。ティール組織の働き方はうちの会社に合っていると思い、実践しているところです。

今後の展望

これから会社がどうなるのか分かりません。分からなくて良いと思っています。計画みたいなものを立てて、そこを目指して行くのではなく、今はいったんその計画を手放すことが大事だと思っています。だから、今は、道を作らないし、レールを敷かないようにしています。それは普通に考えると、経営的にはあまり望ましくなかったり、怖いことだったりするかもしれません。しかし、共同経営者の管さんが辞めた現在、私一人だけの考えで、「これから、この会社はこう進むべきだ」と決め付けることのほうが怖い気がするんです。その考え方だと、私の頭の範疇を一切出ないわけです。それだと、たいしたことができないんじゃないかと思うんです。今の私がやるべきことは、リリムジカに集まっている素晴らしいミュージックファシリテーターの皆さんの力を引き出すことだと思っています。

これまでは、リリムジカがお客さまに何を提供するかという枠組みを考えて、その枠組みをファシリテーターの皆さんに解釈してやっていただくやり方をしていました。でも、今後、ティール組織的な運営を徹底していくと、私が考えもしなかったようなアイデアがミュージックファシリテーターの方々の中からたくさん出てくるはずです。そのほうがお客さまに提供できる価値は大きいと思います。リリムジカとしてこれから何を提供していくのかということは、今、ファシリテーターに任せている最中なので、現段階では具体的に言うことはできません。でも、ミュージックファシリテーターの皆さんは、音楽を使って、「自分らしく」を支えることを信じている人たちなので、必ず何かしらの成果は出ると思っています。

加えて、ティール組織の考え方は、介護事業所の運営に取り入れられると思っています。現在、医療・介護の財源は危機的状況だと言われています。そうした状況で、介護施設を含めた介護保険事業者は介護保険外のサービスを提供して収入を増やしていくべきだと、私は思っています。

高齢者の生活には、介護保険だけではカバーしきれない課題が存在しています。たとえば、訪問介護で通院の付き添いを依頼したとします。おそらくみなさんがイメージするのは、ヘルパーさんが一緒に行って、待合室では隣に座って、利用者が「先生の話を一緒に聞いてほしい」と言えば診察室で話を聞いて、お会計して一緒に帰ってくるという感じですよね。しかし、介護保険での通院介助は、例外を除き原則として「行き帰りのみ」で、待ち時間は算定されないですし、診察室で一緒に話を聞くこともできません。もしそれを希望するなら介護保険ではなく自費で、ということになります。今、こうした要望に応える自費サービスを提供するところが少しずつ出てきています。

もちろん経済的に余裕がない人は保険適用内のサービスだけを利用されると思いますが、世の中には「お金はある」という人もたくさんいます。そういう経済的に余裕のある人たちの「自費でもいいから○○してほしい」いう要望に応えられるサービスを提供するチャンスがあると思います。

自費であっても、そのサービスに喜んでお金を払う人がいれば、経済は回ります。介護現場の最前線にいる方たちは、高齢者のニーズをつかみやすいはずです。ただ、こういったことを実現するのは今の施設運営だとなかなか難しいと思います。そこにティール組織的な運営を取り入れたら、メンバー一人ひとりがアイデアを生み出しチャレンジできる環境が整って、可能性が出てくるのではと思っています。

現在、まずは自社のティール組織化を目指しています。経営者として「こうしてください」と指示を出していくのではなく、現場のミュージックファシリテーターの皆さんの「こういうことをやってみたい」の実現をサポートしていくつもりです。自分の会社で実績を作りつつ、将来的には介護施設のティール組織化もお手伝いできたらいいなと思っています。

ソーシャルビジネス、社会起業家としての顔

リリムジカには、三つの顔があります。一つは音楽の顔、もう一つは介護の顔、そして最後はソーシャルビジネスの顔です。最後のソーシャルビジネスについて簡単に説明すると、国や行政ではカバーしきれない社会的な問題を解決するために行っている事業のことをいいます。ソーシャルビジネスをやっている組織は株式会社もあれば、NPOもあります。私自身はソーシャルビジネスをやりたいと思って会社を立ち上げたわけではないのですが、事業を始めてみたら、周りの方々からソーシャルビジネスだと言われるようになりました。

私自身も社会起業家と呼ばれることがあります。社会起業家ということを意識して今の事業をはじめたわけではありませんが、介護や福祉の現場で起きていることに対して、課題感を持ってビジネスをしています。そういった意味において、私は社会起業家であり、ソーシャルビジネスをやっているのだと思います。

社会起業塾に参加してサービスの基礎を築く

リリムジカの事業がソーシャルビジネスと捉えられたことで、いろいろなメリットがありまし

た。ソーシャルベンチャーというのはいろいろなところから支援を受けるチャンスがあります。うちの会社も社会起業系の有名な支援団体から支援していただいて、今があります。

最初は、ETIC.（エティック）が主催、NECが協働する「NEC社会起業塾」に応募し、「何のためにその事業をするのか」、「どうしたら事業がうまく回るのか」ということをサポートメンバーの皆さんの力を借りて突き詰めて考えるプログラムに参加しました。

プログラムに参加したとき、「音楽療法士が食べていけないのが問題です」と私が言ったら、社会起業塾の先生から「あなたは音楽療法士を食わせたいの？　それとも、介護福祉の現場の人たちの生活をよくしたいの、どちらなの？」と詰め寄られました。そのとき私は「いやいや、そんなのどっちも大事に決まっているじゃないですか」と言い返しましたが、「じゃあ、何？　あなたは『音楽療法士残酷物語』でも書きたいわけ？　音楽療法士の方ばかり見ていたのでは、結局いつまで経っても音楽療法士が社会に必要とされる職業にならないよ」と叱られて、何も言い返せませんでした。すごく悔しくて、そのときは泣きました。

今だと分かるんです。その先生が何を言っていたのか。でも、当時の私は分からなかった。会社をはじめて2、3年が経ち、あのとき先生が言っていた言葉が、じわじわとボディーブローのように効いてきたんです。また、このとき、当時の共同経営者と一緒に、介護や福祉の現場で働く50人ぐらいの方々に、「介護・福祉の現場にいる人たちは何に困っていて、生活がどうなっているのか」をヒアリングしたんです。このときのヒアリングは、その後のリリムジカのサービスの基礎になりました。この社会起業塾はとても参加した甲斐がありました。

ソーシャルビジネス支援団体からのサポートを受ける

２０１２年には、ソーシャルベンチャー・パートナーズ東京（ＳＶＰ東京）の支援を受けました。ＳＶＰ東京はとても変わった組織で、当時、100人ぐらいのパートナーと呼ばれる人たちが所属していたのですが、パートナーの方々は本業を持っているんです。しかも、会社経営者や弁護士、バリバリのビジネスパーソン、コンサルタント、デザイナー、ＮＰＯ法人を運営している人など、幅広い属性の人たちがいました。そういった自分の本業をやりながら、その傍らでソーシャルビジネスに取り組む人たちを支援したい人たちが集まって、支援先に年間100万円くらいの助成金を支援するんです。助成金は、所属しているパートナーが1年一口10万円を収める形で集めたお金です。

ＳＶＰ東京にお世話になるまで、私は「音楽療法界や介護業界の常識だけで考えているんじゃないか」、「自分たちのやっていることは単なる理想論なんじゃないか」、「介護や福祉の世界以外では全く通用しないんじゃないか」と、いろいろな不安や心配を抱えていました。でも、介護福祉以外の業界の人たちから、「君たちの事業はいいね」と応援して頂いたことによって、自分の事業は一般的な感覚としても通用するんだと自信を持ちました。そして、リリムジカの唯一の正社員である小林は、もともとＳＶＰ東京の支援チームの１人で、うちの会社の理念や事業に賛同し入社してくれました。また、社外取締役の１人もＳＶＰ東京との縁で出会った方です。その当時に関わりがあったＳＶＰ東京の方々とは今でも付き合いがあり、会社が11年間続けてこられたのはＳＶＰ東京のサポートがあったからです。

２０１９年から、ソーシャルアントレプレナーズアソシエーションの支援を受けています。起業家の先輩が、メンターとなっていろいろな助言をいただけるサポートです。

「うちの会社はソーシャルベンチャーです」と自分から言ったわけではありませんが、こういうふうにいろいろと支援していただけるのは、リリムジカが取り組んでいることがみんなに共通する社会的な課題なのかなと思っています。

自分の得意なことや好きなことを磨いて伸ばすほうが絶対にいい

会社を立ち上げた当初、自分には良くも悪くも勢いがあり過ぎました。会社の代表たる者、あれも、これも、それもできなきゃいけない。経営のことも全て分かっていなければいけない、という意気込みがありました。でも、当たり前ですけど、音大を卒業したばかりの22歳の若者が全てのことをできるはずもなく、あっという間に打ちのめされて、一時期調子を崩しました。ですが、何とかここまでやってきました。今、あらためて思うことは、会社の代表だからといって、全てに長けている必要などないし、そもそも無理です。圧倒的に苦手なことや嫌いなことを克服するよりも、得意なことや自分の好きなことを磨いて伸ばすほうが絶対的にいい、と私は思います。

とはいえ、好きなことをやるためのプロセスとして、苦手なことにチャレンジしなければいけないこともあります。そのときは挑戦するしかありません。でも、「誰かに言われたからやる」、「仕方なくやる」というように、受け身で嫌いなことをやる時間は無駄だと思います。

やりたいことを自分の中にしまっておくと、やりたいことをずっと実現できない

「何かやってみよう」、「勉強してみよう」、「これに首を突っ込んでみよう」と思うとき、あま

り損得を考えていません。損得を考えてしまうと、動きにくくなります。私は、自分が「これをやりたい」と思うと、すぐに行動するようにしています。それはもしかしたら短期的には損することかもしれませんが、長期的には絶対に得になります。私は、無駄なことは何もないと思っています。

起業当初の私でいえば、「音楽療法士が食べていけないことをどうにかしたい」を、動機が変化した後でいえば、「介護現場の現状をどうにかしたい」を、とにかく声に出して、いろんな人に話していました。そして今も、「これをやりたい」、「あれをやりたい」、「こうしたい」、「ああしたい」と話しています。自分のやりたいことを外に向かって表明していると、それに共鳴して助けてくれたり、声を掛けてくれたりする人が現れます。自分のやりたいことがまず先にあって、事業化は後でいいんです。取りあえず、自分のやりたいことを外に向かって表明するところから始めると、起業や会社設立は後から付いてきます。

やりたいことを自分の中にしまっておくと、やりたいことをずっと実現できません。だから、やりたいことがあるのなら、とにかく声に出して人に伝えることが大事です。

人生そのものを楽しんだほうが、いろんなものが後から付いてくる

事業をやっている先輩方を見ていると、仕事だけというよりも、人生そのものを楽しんでいる人が多いです。そういう人たちは、音楽はじめ芸術などに対する感性が非常に豊かで、生産性や費用対効果という言葉とは関係なく、芸術そのものを楽しんでいます。結果的に、そういう人が成功していると思いますし、そういう人の人生は見ていても楽しそうです。人生そのものを楽しんだほうが、いろんなものが後から付いてくるように思います。私もそうやって生きていきたいと思います。

そして、ソーシャルビジネス界隈で過ごしていると、この企業に所属しているとか、役職や地位がどうだとかは関係なく、自分自身の能力や好きなことを生かして、会社をまたいで流動的な働き方をしている人がたくさんいます。これから若い人たちが社会に出ていくときは、ますますそういった働き方が加速するんじゃないかと思っています。だから、自分は何に興味があるのか、何が好きなのかを感じ取るアンテナを張って、それに出会えることを願っています。

脚注

1 2019年6月に代表取締役を辞任、リリムジカを退職。

2 フレデリック・ラルーが提唱した組織理論。ティール組織は、組織を自らの存在目的をもった生命体として捉え、そこには強い権限をもったリーダーは存在せず、すべての事柄は仲間との協働に基づいた自主経営（セルフ・マネジメント）によって達成され、組織メンバーの全体性（ホールネス）＝「自分らしさ」が重視される。『ティール組織』（フレデリック・ラルー著、鈴木立哉訳、英知出版、2019年）。

※65ページ写真のホワイトボード内詞：佐伯孝夫作詞『新雪』から

3

弘石　雅和

ユーマ株式会社／株式会社 Pinc
創業者・代表取締役

弘石 雅和（ひろいし まさかず）

ユーマ株式会社/株式会社Pinc創業者、代表取締役。成蹊大学在学中、ストリートカルチャー系セレクトショップ「SHOP 33」の経営に参画。1990年、アルファレコード入社。1994年、ソニー・ミュージックに入社し、同社でテクノ部門を立ち上げ、KEN ISHII、BOOM BOOM SATELLITES、UNDERWORLD等のアーティストの作品制作に携わる。ベルギーおよび英国での海外勤務後の2001年にソニー・ミュージックを退社し、ロンドンと渋谷でクラブミュージック専門レーベルThird-Earを創業。スペイン・バルセロナの音楽フェスティバル"SONAR"のサテライトイベントを国内で主催。2004年、YMO再結成のきっかけになったHASのツアーをオーガナイズ。2010年、Third-Earをユーマ株式会社へ商号変更。2012年、関連会社の株式会社Pincを設立。近年、音楽を通じた心と身体の健康に着目し、リラクゼーションサロン「Chili Space」の運営を手がける。クラブ／エレクトロニック・ミュージックから、ネット発ミュージックに至るまで、常に最先端のフィールドで活躍し続けている。

音楽中心の学生生活

山口県から上京し、吉祥寺にある成蹊大学文学部比較文化学科に入りました。卒業論文のテーマは、『マルコム Xとマーティン・ルーサー・キング・ジュニアの思想の違い』でした。入学当初は、電通や博報堂のような広告代理店やマスコミ全般に興味がありましたが、他にもやりたいことがたくさんあり、具体的な進路は決めていませんでした。しかし、東京に出てきた理由も含め、やはり音楽が好きで、常に音楽に囲まれていたいと思いながら学生生活を過ごしてきました。

学生時代はテクノ、パンク、ヒップホップなど4つのバンドを掛け持ちして、バンド活動に力を注いでいました。時代は空前のバンドブームで、私のバンドは『イカ天（三宅裕司のいかすバンド天国）』に出演したこともありました。ライブハウスでのライブ中、番組の制作の方から、「今度、こんな番組が始まるんだけど、優勝したら10万円出るから番組に出てみないか」と誘われました。当時はみなお金がない学生でしたし、デビューのきっかけになればと思い、第2回目か3回目の放送時にGINGER BOYSというバンドで出場しました。この時初めて、音楽・放送業界の表裏を少し垣間見たような気がします。

バンド以外に、イベントをオーガナイズするサークルにも入っていて、芝浦のインクスティック[2]を貸し切り、千人くらいの学生を集めたイベントを開催していました。今の仕事は学生の頃にやっていたことの延長線上のような感じでしょうか。

大学時代のアルバイト

学生時代、吉祥寺の「SHOP33」というレンタルレコード店でアルバイトをしていました。この店はテクノやヒップポップ、ハウス、ユーロビートなどのエッジが効いた音楽を扱うレンタル店として有名でした。当時はまだCDがなく、12インチ・シングルやアルバムのアナログレコードを渋谷のCISCO[3]やWAVE[4]で買い付けて、貸し出していました。時給は450円と決して高くはなかったのですが、店には毎週のように新しい音楽が世界各国から入ってきていたので、そんな環境で働くことができれば、時給をもらわなくてもいいくらいの気持ちでした。

しかしやがて著作権法が改正され、レンタルレコード店はどんどんつぶれていくことになります。私が働いていたSHOP33も業績が悪化して倒産寸前の危機的な状況に陥りました。そのとき、私にあるアイデアが閃きました。当時、私はヒップホップに傾倒していて、ヒップホップのアーティストたちが身に付けているキャップやTシャツなどのファッションに精通していました。ヒップホップ好きの人たちが欲しくてたまらないファッションやグッズが、ニューヨークやロンドンのどの辺りのお店で売っているのかということを大体把握していたので、そういった商品を買い付けてお店で売れば儲かると考えました。

そこで、SHOP33の荒武聰社長に「どうせお店が潰れるのなら、最後に100万円を持って買い付けがてら世界一周旅行にでも行きましょう」と話を持ち掛けました。社長と私の二人でニューヨークやロンドンへ行き、キャップやTシャツ、スニーカーなど、ありとあらゆるヒップホップのグッズを買い占めて、現地販売価格の3倍の値段で販売しました。買い付けた商品の中には、後に卒業論文のテーマとなるマルコムXの演説のテープなどもありました。そうした商品は予想以上の売れ行きで、その後何度も海外に商品を買い付けに行くことになりました。

アパレル商品の輸入ビジネスが軌道に乗ったおかげで、お店の業績が次第に回復していくと、社長から「一緒に会社を経営しないか」と誘われました。そこで、自分も100万円を出資して会社の経営に携わることになりました。SHOP33はその後、裏原宿にも店舗を構え、今日に繋がるたくさんのアーティストと出会うスペースとなりました。国内インディーズブランドも取り扱い始め、後にパリコレやロンドンコレクションにも参加するブランドとなるTOGA[5]（トーガ）や

JURIUS[6]（ユリウス）が誕生しました。また、当時はヒロポンファクトリー名義で活動されていた村上隆さんや、映画『AKIRA』作画監督の森本晃司さんといったアーティストのオリジナルブランドも手がけることになりました。

インターネットの普及前だったため、自分自身の嗅覚とダイレクトなネットワークだけが頼りでした。学生時代のこの経験は、音楽やビジネスの面白さを知るきっかけとなり、自分の将来の選択に大きな影響を与えたと思っています。社長との関係はその後も続くことになるのですが、私はその後SHOP33の経営から離れ、アルファレコードに就職する道を選びました。

アルファレコードで音楽ディレクターに

１９９０年に大学を卒業しアルファレコードに入社しました。アルファレコードは、松任谷由実さんが荒井由実時代に在籍し、細野晴臣さん、高橋幸宏さん、坂本龍一さんによるテクノバンド、ＹＭＯ（Yellow Magic Orchestra）を生み出した会社です。アルファレコードは他の会社がやってないことをどんどんやっていこうというユニークな会社で、小さなレーベルにもかかわらず、まだインターネットも存在せず日本円もそれほど強くない１９８０年に、ＹＭＯのワールドツアーを成功させました。日本航空や富士フイルムとの企業タイアップを得て世界進出を実現したＹＭＯは、80年代初頭、日本のみならず世界を巻き込む社会現象となりました。社長が著名な作曲家の村井邦彦さん[7]、プロデューサーが川添象郎さんであったことも、社員全員が斬新なアイデアを考え実行していく社風を生み出す力となっていました。

入社当初、私は海外アーティストを専門に扱う洋楽部に配属されました。当時、ベガーズ・バンケット、プレイ・イット・アゲイン・サム、ＭＵＴＥ、ＪＩＶＥ、ＰＷＬなど世界の名だたるインディーズ・レーベルのコンテンツが集まっていた洋楽部で宣伝の仕事に携わることになりました。昼間は講談社や集英社などの出版社にプロモーションに行き、夜になると六本木や渋谷、新宿のディスコにアナログレコードを持参して、ＤＪにプロモーションをしていました。当時はカイリー・ミノーグなどのユーロビートが人気で、ディスコプロモーションも担当していました。

また、自分たちのメディアを作ろうということで、「洋楽ニュース」という音楽のフリーペーパーを発行することになり、入社1年目にもかかわらず編集長を任されました。当時のアルファはダンスコンピレーション『ザッツ・ユーロビート』シリーズが洋楽部の売り上げの根幹をなすほど販売は好調でしたが、テレビやラジオではユーロビートをかけてもらえなかったため、自分たちで

「ザッツ・ユーロビート・レイディオ」というラジオ番組を制作し、その番組制作にも携わりました。

アルファレコードは最盛期でも100人足らずの小さな会社でしたが、社内の風通しがとても良く、「こういうことをやりましょうよ」と提案すると、「いいじゃないか、やってみれば」と新人にもチャレンジする機会を与えてくれました。加えて、大手レコード会社の正攻法とは異なる、ユニークなことをやっていこうという組織文化がありました。そうした発想方法は、現在の私の会社経営にも大きく生かされています。

洋楽部にも関わらず原盤ディレクターを経験

私はもともと、ディレクターなどの制作志望だったため、入社3年目から海外作品のライセンスを中心とした洋楽の編成を担当することになりました。『ザッツ・クラブ・トラックス』というコンピレーションシリーズを2カ月に1枚のペースでリリースしたり、カイリー・ミノーグの作品を担当していました。カイリー・ミノーグのPWLレコーズの音源を使って制作したノンストップのDJミックスアルバムは、日本のみならずワールドワイドでもリリースされました。

洋楽編成の仕事をしばらくしていると、上司から「ジャマイカから日本に移り住んだエマニエル・ウォルシュという面白いレゲエミュージシャンがいるんだけど、そのアーティストの原盤制作に興味はあるか」と聞かれました。これまで洋楽の宣伝や編成の仕事しか経験しておらず若干の不安はありましたが、原盤制作に興味があったため彼のディレクターを引き受けることにしました。西麻布のスタジオでエマニエル・ウォルシュとプロデューサーの3人でレコーディングをし、「なるほど、原盤制作はこういうふうにやるんだ」ということを学びました。洋楽部で原盤制作を行うことは珍しく、入社3年目でディレクターを経験できたのは幸運だったと思います。

余談ですが、このエマニエル・ウォルシュの息子が東京オリンピックの陸上代表候補、ウォルシュ・ジュリアンです。また、プロデューサーのエジソンさんには当時高校生のテクノ好きの息子がいて、スタジオにもよく遊びに来ていました。彼は、その後プロデューサー・DJとして世界で活躍するHIROSHI WATANABEでしたが、20年の時を経てU/M/A/Aから彼の作品を発売することになります。音楽の世界にはこんな不思議な縁もあります。

ソニー・ミュージックへの転職

ちょうどその頃クラブシーンでは、LFOやエイフェックス・ツインが所属するワープレコードというイギリスのインディーズ・レーベルが話題になっていました。このレーベルと契約したいと思った私は、イギリスへ赴き契約の交渉をしました。すると、レーベルの社長も所属アーティストもアルファレコードのことをよく知っていて、「アルファというのはＹＭＯの会社だろう、ぜひやろう」とトントン拍子にことが運びました。

その頃、邦楽部では細野晴臣さんがテクノのレーベルを立ち上げる企画が上がっており、細野さんのレーベルとワープレコードとでもう一度テクノを盛り上げようという動きもあり、直感的にこれはすごく面白いことになるなと感じました。アルファレコード〝テクノ王国〟復活プロジェクトです。

しかし残念なことに、１９９３年から94年にかけて、アルファレコードの経営状態はどんどん悪化していき、邦楽部の細野さんのレーベルの話も、洋楽部で私が進めていたワープレコードの話も立ち消えになってしまいました。

当時、音楽ライターの野田努さんから、デリック・メイという才能あるテクノアーティストを紹介されて進んでいた特別企画作品を出す話もなくなってしまいました。色々な面白い企画が進んでいたにもかかわらず会社の経営状態が悪化してしまい、「さて、どうしようか」と悩んでいた時、たまたまソニー・ミュージックがダンスミュージックのレーベルを立ち上げるという話を耳にしました。当時お世話になっていた音楽出版社の方につないでいただき、1994年にソニー・ミュージックエンタテインメントに入社することになりました。

100人規模の会社からいきなりメジャー会社のソニーに移ることで、多少の不安はありましたが、自分の中では絶対やれるという確信めいたものがありました。すると面白いことに、私がアルファレコードでやろうとしていたワープレコードはソニーと契約することになっており、後に私がベルギーに行くきっかけになるR&Sレコーズとソニーの間でも契約の話が進んでいて、私がソニーでそれらのレーベルを担当するという私にとっては理想的な流れになりました。

ソニー・ミュージックで海外の音楽ビジネスを経験

ソニー・ミュージックでは、海外で人気のあるテクノミュージックとその周辺カルチャーを日本でさらに浸透させると同時に、日本のテクノ系アーティストを海外で通用するアーティストに育てるという2つのミッションのため、洋楽と邦楽の垣根を越えたアーティストのディレクターを務めました。ワープレコード、R&Sレコーズなどの作品リリースや、ケンイシイ、BOOM

BOOM SATELLITES（ブンブンサテライツ）などを担当しました。

ソニー・ミュージックの親会社であるソニーは、ウォークマンという製品のヒットにより海外で大きな成功を収めたわけですが、音楽部門は日本人アーティストの海外進出ではなかなか良い結果を出していませんでした。ソニー入社から2年後には、私の担当アーティストであるケンイシイが世界の音楽シーンでブレイクする状況が整いつつありました。当時のテクノを語る上で興味深いエピソードがあります。メディアがインタビューした際のアルバム制作費に関する質問に対して、ケンイシイは「DAT1本分なので、1500円のみ」と答えたため、インタビュアーが仰天していました。当時はメジャー・アーティストの制作費は、1千〜2千万円が当たり前でした。メジャーの中でもミリオンヒットとは異なる新たなビジネスモデルの構築を目指していたとも言えます。

ソニーにおける私の仕事は非常に順調に進んでいきました。まだフジロックなどの野外フェスが存在していなかった1996年8月、「レインボー2000」という日本初の大型野外テクノイベントが富士山麓で開催されました。1万8千人を集客したイベント開催日の8月10日は、たまたま私の30歳の誕生日でした。イベントのピークタイムに、イギリスのトップ・テクノ・アーティスト、アンダーワールドのメンバーから「ステージに上がってこい」と言われ、何かなと思いながらステージに上がると、ライブスタート直前のメンバー3人が私の誕生日を祝ってハッピー・バースデーを歌ってくれました。当時制作に携わったケンイシイ、石野卓球、田中フミヤなどの出演者や学生の頃からのSHOP33の仲間、最初理解を示してくれなかったソニーのスタッフが一堂に会し、テクノというムーブメントが大きくなった光景を目の当たりにしたこの日、私は一つの仕事をやり終えたように感じました。アルファで〝テクノ王国〟を再興することは叶いませんでしたが、当時描いていたビジョンは達成できたと感じました。ソニー・ミュージックに入社して3年、様々な経験を積んだ自分の中には次なるビジョンが生まれていました。それは、海外で仕事をしたいという思いでした。

ベルギーでの学び

ソニー・ミュージックエンタテインメントは世界各国に支社を持つメジャー・レコード会社です。日本本社だけで相当数の社員を抱える会社で、当時、会社の売上を支えていたのは、Jポップやアイドル、ビジュアル系ロックバンドなどのアーティストでした。しかし、私の中にはやはり、パンクやヒップホップのようなカウンターカルチャーから沸き上がる新たなムーブメントに参加し、その文化を広めていきたいという気概がありました。

テクノを含むダンスミュージックはイギリスはじめヨーロッパではビジネスとして成立していましたが、日本ではディスコの延長線程度にしか認められないことをずっと疑問に思っていました。そのため、本場であるヨーロッパでダンスミュージックに関するビジネスを学びたいという企画書を提出したところ、当時の上司だった野田由紀さんのご尽力により、ベルギーのR&Sレコーズ[8]とジョイント・ベンチャーをスタートし、R&Sレコーズに出向できることになりました。

R&Sレコーズのあるゲントは、首都ブリュッセルから車で1時間くらい離れた中世の城が残る人口30万人の小さな城下町です。クラブなど一つもない町にもかかわらず、世界中の著名なテクノアーティストたちがその町の小さなレーベルと契約していることに、私は興味を持ちました。

R&Sレコーズは有名レーベルではあるものの、レーベルの運営はわずか数人で行っていました。社長兼プロデューサー兼A&R[9]のレナート、PR担当、商品管理担当、そして経理担当の社長夫人くらいしか社員がいませんでした。皆が、ベルギー語かオランダ語で会話する中、私一人が片言の英語で仕事していました。

photo by SUZU

R&Sレコーズで学んだのは、このような世界的に有名なレーベルがいかにして少人数で運営しているのか、ということでした。その鍵となっていたのが、マーケティングやプロモーションに関しては外部のPR会社に、流通に関しては流通会社に外注するアウトソーシングの活用でした。また、レナートにはA&Rのセンスがあり、彼のスカウト能力に投資しようと考える流通会社も多かったため、前払い金を受け取ってビジネスをしていました。本場のインディーズはどういう仕組みで音楽ビジネスを成立させているのかをベルギーで働きながら学んだことは、私の大きな糧となり、日本の音楽業界にも生かしていきたいとの思いに至りました。

BOOM BOOM SATELLITESとのロンドン生活

実は、ソニー・ミュージックに入ってすぐ、私のところにBOOM BOOM SATELLITES[10]というアーティストからデモテープが届きました。テクノとロックがクロスオーバーしたバンドとしては、海外ではプロディジーやケミカルブラザーズが存在していましたが、日本でそういうバンドはいなかったので、「これはすごい、絶対にやるべきだ」との思いから、BOOM BOOM SATELLITESと契約することにしました。彼らは海外志向だったため、デビューアルバムはR&Sレコーズからリリースしようと考えたことも、ソニーからR&Sレコーズへの出向のきっかけとなっています。

しかし、R&Sレコーズでの勤務は1年で終了することになります。ソニーはR&Sレコーズに投資していましたが、ソニーという大企業とベルギーのインディーズの間には経営方針に大きな隔たりがあり、また、ソニーの求める成果をR&Sレコーズが短期的に残せなかったことから、ソニーとR&Sレコーズとの間の契約が見直されることになりました。その結果、本来5年は滞在する予定でいましたが、やむを得ず1年で帰国することになりました。

帰国後すぐに、私はBOOM BOOM SATELLITESのアルバムをイギリスで制作しようと考えました。ロンドンで彼らの作品を作りつつワープレコードの業務を行い、ロンドンにおける様々なインディーズのビジネススキームを学ぶという企画書が認められ、イギリスへ渡ることになります。そして、バンドと一緒に1年間ロンドンに滞在し、制作から雑務まで、スタッフとして全てを1人でこなしてアルバムを1枚作りました。

BOOM BOOM SATELLITES の中野雅之君と川島道行君は私と年齢も近く、やりたい音楽の方向性も同じでした。さらに、彼らもSHOP33のお客さんだったり、吉祥寺のジャズバーでバーテンダーをしながらバンド活動をしていたりと吉祥寺を通した縁もありました。その頃からの付き合いだけに思い入れは強く、作品制作にかなり入れ込んでいました。曲のタイトルや構成、ジャケットデザインなど、彼らと意見を戦わせて、今から思うとオーバープロデュースと思うくらいに関わっていました。R&Sレコーズからのリリースも決まっていたためレナートの意見も反映されており、中野くんと川島くんと私とレナートのチームで1990年代後半の音楽シーンの機運のようなものを音にすることができたと思います。そのため、彼らの作品の中でもデビュー・アルバムだけはちょっと毛色が違っています。

彼らの最初のアルバムをロンドンで録音をした後、私はソニー・ミュージックを辞めたため、結果的には彼らから離れることになりましたが、その後、彼らはさらに成長しフジロックフェスティバルのグリーンステージでパフォーマンスするまでになりました。川島君が最初のヨーロッパツアーの帰路に病に倒れ、それからずっと病気と戦いながら活動を続けてきた姿を見てきました。私はレコード会社のA&Rという立場ではありましたが、イギリスでともに時を過ごして生まれた最初の作品には特別な思い入れがあります。BOOM BOOM SATELLITESは、今でも私にとって特別なアーティストです。

会社に残るか、起業するかの決断を迫られる

私がヨーロッパにいた90年代後半は、日本の音楽業界が一番盛り上がっていた時代でした。ミリオンやダブルミリオンのヒットが連発し、宇多田ヒカルさんのデビューアルバム『First Love』が800万枚を超える売上を記録しました。

しかし、2000年頃のソニー・ミュージックは、私がやろうとしていた才能あるテクノ系アーティストの海外からの輸入や、日本のテクノ系アーティストの海外への輸出といった、ある意味先行投資的な事業を続けていくのが困難な状況でした。確かに、当時の音楽業界にはまだミリオ

ンセラーもたくさんありましたが、いずれCDは売れなくなり、音楽業界が変わっていくことをソニーは既に見越していたのだと思います。実際に、2000年以降、CDの売り上げは右肩下がりになっていきました。私が携わってきたある意味ニッチなジャンルの音楽ビジネスを継続していくことは、ソニーにとっては困難になっていたのです。

ちょうどその頃、私は、テクノのイノベーターの一人であるデリック・メイを介し、ガイ・マクリーリというイギリス人と出会います。日本在住経験もあるガイは、日本語が堪能で博士号を持つインテリでした。自身がジャズ・シンガーでもあるガイから、テクノのレーベルを作りたいという相談を受けました。彼には音楽業界での経験がなかったため、何度か相談に乗るうちに、共同経営者として一緒に会社をやらないかとの誘いを受けました。

ガイとの起業は魅力的ではありましたが、会社の実態も、実績も、オフィスもない状態で立ち上げることには不安がありました。また、自分にはまだソニー・ミュージックに残って仕事をするという選択肢も残っていたため、ロンドンで起業するか今の会社に残るかの判断がつかないまま、いったん日本に帰国しました。今後について新しい上司と話をしていると、「会社も君がイギリスに行った頃とは状況が変わってきている」、「弘石のやりたいことはそろそろ難しい」、「ビジュアル系ロックバンドの制作担当にならないか」と言われました。

私は大変悩みました。そのまま会社に残れば、おそらく安定した生活を送れますが、自分のやりたいことはできない可能性が高く、海外から才能あるアーティストを日本に紹介したり、日本のテクノ系アーティストを海外に紹介するという自分の夢を実現できない。それならば、やはりソニーを辞めて起業するしかないと考えました。結果2001年に、ガイと一緒にThird-Earというクラブミュージック専門のレコード会社を立ち上げることになりました。私は、自分の夢を実現するために起業する道を選びました。

音楽性の違いからU/M/M/Aとして独立

当初、私もロンドンのThird-Earを拠点に活動しようと考えていましたが、これまで自分が築いてきた日本での実績や人脈も生かすべきだと考え直し、東京でThird-Ear Japanを設立しました。ガイはロンドンで、私は東京で、スカイプなどを使って日々のコミュニケーションを取りながら、2001年から2008年まで共同で会社を経営しました。ガイにはイギリスやEUの音楽会社と交渉してもらったり、また彼はとても良い耳を持っていたため、彼が企画した作品を日本でリリースしたり、ヨーロッパの様々なフェスに一緒に出かけたり、ロンドンと東京の距離はありながらも良好な関係で仕事をしていました。

私とガイにはテクノ好きという共通点がありましたが、２００７年くらいになると、お互いの音楽の方向性が次第に変わっていきました。また、売り上げに関しても、Third-Ear Japan の方が高くなっていきました。初音ミクやニコニコ動画が出始めた２００７〜２００８年には、私はそうした日本の新しいムーブメントに興味を持ち、ビジネスとしてこれから大きく成長すると確信して、絶対に会社として関わっていくべきだと考えました。しかし、それはガイの Third-Ear UK のレーベルカラーには合いませんでした。

２００９年、Third-Ear Japan からＹＭＯの曲を初音ミクでカヴァーする『Hatsune Miku Orchestra／初音ミクオーケストラ』（ＨＭＯとかの中の人。）という作品をリリースしました。彼らはコミケなどの手売りで同人版ＣＤもすでにかなりの売り上げでした。ＹＭＯのオリジナルのエンジニアを起用してマスタリングの質を上げたり、ＣＤジャケットを豪華にしたりして、彼らの作品をもう一度 Third-Ear Japan から出したいと話をもち掛けたところ、彼らから快諾を得ることができました。

『初音ミクオーケストラ』の Third-Ear Japan 盤は、発売後すぐに1万5千枚まで売り上げが伸びました。この時、ＨＭＯというアーティストだけでなく、ボーカロイドという新たな楽器から生まれたカルチャー全体が大きなムーブメントになる気配を感じ取りました。私が80年代に感じた黎明期のヒップホップや90年代のテクノと同様に、音楽の制作方法に加えてビジュアル、ＰＲ、販売方法が非常に新鮮でワクワクする起源のタイミングに携わったという実感がありました。しかしもう、この日本の新たな潮流をイギリスにいるガイに説明して一緒にやろうとは思いませんでした。彼には彼のやりたい音楽が明確にあったため、そろそろ会社を分けたほうが良いのではないかということで、私が Third-Ear Japan の株式を買い取る形で２０１０年に独立することになりました。

このタイミングで、その後の会社を支えてくれる若く優秀なスタッフや、DECO*27 やササクレＵＫといった新世代のアーティストとの出会いもあり、YouTube やニコニコ動画から生まれるアーティストと共に、アニメやゲームなど、さらに幅広いフィールドで音楽をつなげていきたいという意味で社名をU/M/M/A Inc.: United Music and Arts（ユーマ株式会社）に変更しました。

スケッチ・ショウの仕事をコーディネート

細野晴臣さんとは、アルファレコード時代には直接の仕事のつながりはなく、日本のテクノアーティストを世界に広めることを目的としたCD＋書籍作品『パシフィックステイト』の収録をきっかけにソニー時代に接点ができました。さらに独立してThird-Earを立ち上げた後、じっくり仕事をする機会に恵まれます。

細野さんと幸宏さんがエイベックスから発売していたユニット、スケッチ・ショウのライブで楽屋にご挨拶に行くと、「弘石くんじゃない。今、何をやっているの？」と細野さんが声をかけてくれました。私が、「独立して自分の会社をやっています。」と伝え、スペインのバルセロナで開催されているsonar（ソナー）というテクノとアートが融合したフェスティバルをsonar sound tokyo2002という形で東京に持ってきてオーガナイズしたことを話すと、「ソナーは僕も知っているよ。出てみたいな。」と言われました。「本当ですか。それならば一緒にバルセロナに行きませんか」とお誘いしたところ、細野さんが「うん、行こう。幸宏も行こうよ。」と、トントン拍子に話が進んでいきました。翌日すぐに「細野さんと幸宏さんがソナーに出たいと言っているけど、どうかな？」とソナーのプロデューサーに話をすると、「もちろん、ウエルカムだ。」という返答があり、スケッチ・ショウをsonar 2003とロンドンのフェスにブッキングすることができ、Third-Earのロンドンと東京でツアーを取り仕切ることになりました。細野さんと幸宏さんがヨーロッパでライブを行うのは1980年のYMOのライブ以来で、スケッチ・ショウのライブは大成功を収めました。

さらに、ロンドンに拠点を持つThird-Earが、スケッチ・ショウのアルバムの海外ライセンスを取り扱うことになりました。日本以外の海外エリアのマーケティングとCD流通を取り仕切る仕事です。今考えると、細野さんも、幸宏さんも、そしてエイベックスも、Third-Earというまだ実績の乏しい会社によく作品をライセンスアウトしてくれたと思います。当時、細野さんや幸宏さんが好きなものと、Third-Earが手掛けるエレクトロニカの作品が音楽的に近かったため、ビジネス面というよりも音楽的なところで共感してくれて、ビジネスパートナーに選んでもらえたのかもしれません。また、細野さんのマネージャーだった東榮一さんや、幸宏さんのマネージャー佐藤雅和さんのご尽力も大きく、みなさんには今でも感謝しています。こうした仕事を通して、細野さんや幸宏さんとより親しくさせていただくようになりました。

運命を感じたＹＭＯとの仕事

その頃、私の会社は毎月、渋谷の高架下にあったSECO BARというバーで、当時ロンドンで盛んだった50人から100人規模のパブ・スタイルのレーベルパーティーを開催していました。このパーティーに、スケッチ・ショウが出演してくれたことがあります。当時、細野さんのマネージャーの東さんから、うちのイベントでスケッチ・ショウのライブをしたいと話を持ち掛けられました。恐縮するほど光栄なこととはいえ、レーベルアーティストと新人発掘を目的としたイベントだったため、「小さな規模でやっているのでギャラはほとんど出せませんが」とお話しすると、ギャラなどのお話よりも出演することとの意義に重きを置いていただけるというお返事を東さんよりいただき、スケッチ・ショウの出演が実現しました。

その日の終演時に、細野さんから教授（坂本龍一氏の愛称）もバルセロナのソナーに興味をお持ちで、３人でのライブの可能性の話を伺い、魂が揺さぶられたのを覚えています。そこで、私は翌年のsonar festivalに細野さんと幸宏さん、そして坂本龍一さんの３人で出演をいただくコーディネートをさせていただきました。この３人によるライブは、１９９３年のＹＭＯ再生ライブ以来11年ぶりのものとなります。しかし、ＹＭＯという名義ではなく現在進行形のエレクトロニカユニット、Human Audio Sponge（HAS）というユニット名でのイベント出演になりました。sonar 2004のイベントに、ニューヨーク在住の教授は海外からバルセロナ入りしました。まだ3人でのリハーサルは行なっておらず、スタジオを借りて一度切りのリハーサルを行いました。そのリハーサルには、ものすごい緊張感が溢れていました。最初は、全員がお互いを見合っているだけなのです。マネジメント会社の人たちにとっても3人でのライブは久しぶりのことですから、どう対応すれば良いのか分からず、かといって、私が出しゃばってお三方を仕切るのは恐れ多く、リハーサル会場にいる人間全員が黙って見つめ合っていました。すると、教授の発案で、関係者全員が自己紹介をすることになりました。しばらく経って、緊張感が溶け、そこからビシッと引き締まり、無事にリハーサルが完了しました。

メイン会場でのHASバルセロナ公演は、コンサート直前、「30年待っていたぞ」と叫ぶ数千人のファンに迎えられてスタートし、オーディエンスによる異常なほどの高揚感に包まれたまま幕を閉じました。コンサート後、メンバーと関係者のみんなでバルセロナの浜辺のレストランでワインを飲んで乾杯したのが大切な思い出となっています。

お三方にはバルセロナのsonar 2004終了後、私が東京でオーガナイズしているsonarの衛星イベントであるsonarsound tokyo2004にもHuman Audio Sponge（ＨＡＳ）として出演していただき、本当に感慨深いものがありました。自分が音楽の仕事を始めるきっかけとなったのはＹＭＯです。小学6年生の時にＹＭＯに出会って音楽にのめり込み、彼らの音楽を聴いて育ちました。そういう意味で、sonarを通じて自分の人生を変えた細野さん、幸宏さん、坂本さんと仕事ができ、その後、ＹＭＯの再結成とはいかないまでも、それに近い形で3人が活動する一つのきっかけになったと思うと感無量でした。

経験を積み、ネットワークを築いてから起業する

これまでのキャリアのうち約10年間はアルファレコードとソニー・ミュージックで様々なことを学びました。アルファレコードは小規模な会社でしたが、フットワークが軽く、新しいことを創造する発想力を学びました。これは現在のインディーズ・レーベルを運営する自分の基礎となっています。一方で、ソニー・ミュージックは、音楽業界のトップ企業として、業界のビジネススキームを構築しつつ、ダイナミックなことにもチャレンジする社風だったため、大企業の中で大規模なプロジェクトを動かしていくための組織論を学びました。さらに、ベルギーやロンドンへ赴任

させていただいたソニー時代の海外におけるビジネス経験や人脈は、独立する上でも大いに役立ちました。どちらの会社にも本当に自由に仕事をやらせていただきました。

会社を経営していると様々な困難にぶつかります。想定していなかったピンチもたくさんありました。海に例えると、今日はなだらかな凪の良い日だなと思っていたら、いきなり天候が変わって嵐が来て、それをどう乗り越えるか、というような場面に出くわします。最初は、乗り越えられないんじゃないかという問題や失敗もありました。しかし私は、アルファレコードとソニー・ミュージックで積んだ経験によって、タフさを身につけました。また、2つの会社で得た知識や築いたネットワークは私のビジネスに今でも大きく役立っています。ですから起業するのであれば、ある程度の経験を積み人脈を築いてからのほうが良いのではないかと個人的には感じています。

しかし、起業するタイミングも重要です。世の中の経済状況や業界の状況を読み取ることも大切で、当然、経済状況が良いときに会社を始めたほうがいい。つまり、ある程度の経験があったほうが良いとは思うものの、慎重すぎてもチャンスを逃してしまいます。音楽業界も大きな変わり目に来ていますが、その中で何か新しいビジネスアイデアを見つけたときにそのチャンスを掴むことが大事ではないかと思います。そうした意味で、起業したいと思ったときがそのタイミングであるとも言えます。

メンターの存在

メンターというのは人生の先輩とか、指針になる人のことですが、ありがたいことに私には何人かのメンターがいます。一人はアルファレコード時代の先輩、寺田康彦さんです。私がアルファレコードに入社した時、「この業界で3人以上の信じられる仲間を作りなさい。」と言われました。「それは社内だろうと、社外だろうと構わない。他社の人間だからこそ、自分には見えない色んなことが見えてくる。一緒に酒を飲みに行ったり、飯を食いに行ったり、クラブに遊びに行ったり、コンサートに行ったりして、お互いの信頼関係を築いて、何かあったらお互いに助け合う仲間を作りなさい。」と教わりました。その言葉はいまだに役立っていますし、何か問題があった時には「こういうとき、どうしたらいいですかね」といった相談を今もしています。そういったメンターがいると本当に助けられます。ちなみに寺田さんのメンターは細野晴臣さんだそうです。

会社を継続するための資金繰り

起業する際にはもちろん資本金はあったほうが良いのですが、ゼロだったら会社はできないかというと、そうでもありません。

ちなみに、私がソニー・ミュージックを辞めてパートナーと一緒に起業した２０００年頃は、ちょうどインターネット・バブルの時代で、インターネット上で自分たちの専門であるクラブミュージックやエレクトロニックミュージックの音源を販売する事業計画書の作成だけで数千万円の資本金が入ってきました。しかし、いくら数千万円の資金があったとしても、すぐに売り上げにつながるビジネスでなければ資本金は本当に驚くほどすぐになくなります。オフィスを構えたり、スタッフを揃えたり、様々な費用が発生するためです。

資本金があるに越したことはありませんが、より重要なのは事業計画です。ある期間にどれくらいの資金を使って、どのタイミングで費用を回収するかが重要となります。自己資金がない場合には、もちろん資金を融資してもらうこともあります。私も最初の起業後に会社を立て直す際には、渋谷区から融資を受けました。当時、起業資金を融資する制度があって、自分のプロフィールや経営理念、ビジネスモデルなどを記載した事業計画書を提出し、渋谷区の制度融資を利用しました。

私の会社には現在数億円単位の売り上げがありますが、まだ借金を抱えています。借金を抱えるのは大変そうに思えるかもしれませんが、実は売り上げが10億円や100億円あっても、利益がマイナスでは意味がないのです。無借金経営は理想的ではありますが現実的ではありません。利益と借金のバランスを取って経営していけば、たとえ借金を抱えていたとしても会社を継続できるのです。

会社をたたんで、借金を返すために別の仕事をしようと思った

20年近くも会社を経営していると、様々な問題に直面します。自分にとって一番困難だったのは社員がまだ4、5人しかいなかった2006年頃です。先ほどもお話した、スペイン・バルセロナで開催されるSonar Festivalの日本公演を自分の会社で主催することになり、2002年に第1回を開催しました。2004年の第2回にはYMOの3人にもHuman Audio Sponge(HAS)として出演していただくことになり、どちらのイベントも成功を収めて、第3回は規模を拡大し、恵比寿ガーデンプレイスを3日間借り切って7千人規模のフェスとなりました。7千人規模というと、初期投資も相当な金額になりますが、これはチケットが想定通りに売れたら何とかなる金

額でした。しかし、イベントには様々なことが起きます。

イベントはスポンサーで成り立つ側面があります。当時、私たちがやっていたSonar Sound Tokyo2006に賛同してくれたある企業が、協賛金として2千万円を出しましょうと言ってくれていました。私たちは、この2千万円があれば何とかなると算段していましたが、とある行き違いにより、先方からは1千万円しか支払われないことになりました。私は途中からスポンサーの対応に追われチケットの売れ行きも鈍くなり、イベント終了後には約2千万円の損失となっていました。5人程度の会社では2千万円のキャッシュを常時用意できているわけではありません。さらに、通常のレコードレーベルの業務をストップして社員5人が1年かけてイベント準備をしていたため、大変な事態になりました。

結果、取引業者への支払いが遅れたり、頭を下げて個人的に借金をしたり、多方面に迷惑を掛けることになりました。そのときはもう会社をたたんで、借金返済のために別の仕事をしようかとも考えましたが、会社やイベントのスタッフにも助けられ、また自分には目的や大きなビジョンがあったため、やはり踏みとどまりました。数年間は自分の給料を受け取らずに、アルバイトで他の仕事をしながらスタッフにだけ給料を支払って、会社を続けました。今から思うと、良い経験だったと思います。このときの失敗が大きな学びとなって、起業してから20年近くも事業を継続することができました。

それ以降も、音楽フェスティバルの運営には参加していますが、1万人以上の大規模フェスティバルを開催するには、十分な手持ち資金が必要なことを学びました。しかし、お金がなくても事業を行う方法はあります。自分たちだけで事業を継続することが難しければ、パートナーシップを組みながら事業を行えば良いのです。テレビ局やラジオ局などのメディアをはじめ、様々な会社とパートナーシップを組んでリスクを分散すれば、大きなフェスティバルや事業も可能です。

話が前後しますが、2004年のイベントは台風の直撃を受け、イベント自体は実施できたものの、新幹線がストップしたため同日のヘッド・ライナーのアーティストを関西からタクシーで迎えたり、タイムテーブルを急遽変更したり綱渡りの開催となりました。戦後最大級の台風がイベント当日に来るとは夢にも思わず、完全に想定外でした。自然災害は突然訪れます。野外でイベントを行う場合、自然災害などのリスクを想定した準備をすることが大事です。

その後、数年間苦しい時期が続きましたが、2008年、2009年に才能ある新しいアーティスト、スタッフと出会うことができ、会社の業績を回復させることができました。

ビジョンとそれを実現するための強い気持ち

起業を成功させるために重要なことは、ビジョンとそれを実現するための強い気持ちです。ビジョンというのは、メディテーション（瞑想）状態になったときに見えてくるものだと思っています。小学生や中学生の時に好きな音楽を聴いていた時、私は一種のメディテーション状態にあったと思うのです。当時、部屋を真っ暗にして、ＹＭＯや自分の好きなアーティストのレコードをステレオで聞いていると、瞑想状態になって、自分が本当に好きなものや、やりたいことがイメージとして見えてきました。しかし、大人になると、特別な環境でなければ自分をそうした状態に持っていけません。余談ですが今年、音楽と映像とヨガを用いてメディテーション状態にアプローチする7 senseというイベントをスタートさせました。私の中のビジョンとは、自分がまっさらな素の状態のときに見えてくる、自分の本当の姿や自分がやりたいことです。

私の場合、自分自身でビジョンを強く持つと、大抵のことが実現できました。中学生の頃憧れていたＹＭＯのメンバーと一緒に仕事をすることは単なる夢でしたが、いつか自分は必ずＹＭＯの３人と一緒に仕事をするというビジョンを描き続けていたら、細野さんとも、高橋さんとも、坂本さんとも一緒に仕事をすることができました。また、小学生のときに描いていた会社の社長になる夢も実現しました。小さな会社ではありますが、5つの会社の設立と経営に関わることができ、海外での業務も経験することができました。具体的なビジョンを強く描いて、そのビジョンを持ち続けていると、必ず実現すると私は信じています。

また、音楽やエンターテインメントの世界で成功したいと願う人には、自分が手掛けた事業を絶対に成功させるという強い気持ちが必要だと思います。大切なのは、心の持ちようです。大変だと思うことも、心の持ちようで楽しいとも思える。一夜にして、2千万円の借金を背負った日にはそんな余裕は全くありませんでしたが。

アーティストやスタッフとの出会い

これまでのキャリアにおいて、実に多くのアーティストとの出会いがありました。どうしたら才能あるアーティストに巡り合えるかというと、これはもう縁としか言えません。YouTube の再生回数が多いアーティストの動画などを見て、そのアーティストに声を掛けることももちろんありますが、音楽関係者やメディア関係者とのつながりで、知人から紹介してもらうことのほうが多い。やはり、人と人のつながりによってアーティストとの縁も生まれるように思います。

スタッフとの出会いも大切です。私自身は基本的に現場が好きで、自分がもともと音楽をやっていたこともあり、創ることや企画することに魅力を感じます。またこの業界は、クリエイティブやマーケティングといった部門にスポットライトが当たりがちです。しかし会社というのは、音楽の仕事であろうが、他のエンターテインメントの仕事であろうが、いくら良いものを創ってもそれを売る人や契約する人が必要です。会社にとって、経理、契約などの管理部門のスタッフはとても重要ですが、クリエイター中心の会社は、管理面がおろそかになる傾向があります。経営者自身が、管理面に関して学習することはもちろん重要ですが、管理を専門とする人間に任せるところは任せる。管理スタッフを会社のプロパーの社員にするのか、もしくはアウトソースして、外部の人たちと一緒にパートナーシップを組んでやっていくのか、いろいろやり方はあると思いますが、管理部門は会社の事業継続にとって非常に重要な部署なので、そうした職務の人たちを大切にしていかなければと思います。

理想とする起業家はリチャード・ブランソン

起業家というと、スティーブ・ジョブズの名前が挙がることが多いと思います。私も、アップルはクリエイティブで大好きな会社です。しかし、スティーブ・ジョブズは本当に幸せだったのかな、と思ったりもします。これは私個人の印象ですが、スティーブ・ジョブズには、笑ったり楽しんでいるイメージよりも、苦しんでいるイメージのほうが強い。

それに比べて、ヴァージングループ創業者のリチャード・ブランソン[11]は、ヨットや気球に乗ったり遊んでいるイメージが強く、彼がオフィスで机に座わってパソコンを打っているイメージは浮かびません。リチャード・ブランソンが部下を叱っているイメージもない。スティーブ・ジョブズは部下に対して相当厳しい態度をとっていたそうですが。

私が理想とする起業家は、スティーブ・ジョブズではなく、リチャード・ブランソンなのです。私も未だに旅をしたり、パーティーをオーガナイズしたり、クラブに行って踊ったり、飲んだりすることが好きです。今年もフジロックフェスティバルに行きましたが、アップルウォッチを見たら3日間で56キロも歩いていました。新しいアーティストのライブやサウンドには日々触発されています。リチャード・ブランソンのようにヨットは持っていませんが、SUP(スタンドアップパドル)[12]には毎週のように乗っています。仕事はもちろん大事ですが、やはり人生を楽しまないと意味がありませんよね。

「自分は何をするために、この世の中に生まれてきたのか」を考える

私がなぜ今も会社を継続できているかというと、これまでたくさんの音楽を聴いて、世界中のクラブやライブハウス、フェスティバルに出かけ、音楽を通じて様々な経験をしてきたからです。時間がある若いうちに、自分が好きなものを追求して、世界中を旅して、たくさんの人と会ってください。お金は後で返ってきますから、借金してでも自分に投資した方がいいと思います。ビジネスのアイデアを思いついたとしても、同じようなアイデアを考えている人は世の中に大勢います。ビジネスの成否を分けるのは、ビジネスモデルの完成度の高さではなく、起業家自身の独特の感覚やその人が持つネットワークと行動力です。つまり、好きなことをとことん突き詰めていくことで、自分のやりたいことを明確化し、その人にしかない独特の感覚や感性を磨くことが重要になってきます。

若いうちは、起業したり、音楽会社に就職したり、ミュージシャンやクリエイターになったりと、様々な選択肢があると思います。そうした中で「自分は何をするためにこの世の中に生まれてきたのか」、「自分は何をするべきなのか」を突き詰めて考えると、自ずとその答えが出るのかなと思います。それは、音楽やエンターテインメントだけに限りません。私も大学時代、進路をいろ

いろと模索していました。とりあえず何かをやってみて「自分のやりたいことはこれじゃなかった。別のことをやろう。」でいいのです。何をやるにしても、せっかくこの世の中に生まれてきたのであれば、死ぬときに自分の人生は良かったな、自分の人生に、また後世に小さなことでも何かを残せたなと思えればいい。

私の場合、音楽は自分の一番の趣味でもあるので、音楽の仕事というのは遊んでいるのと同じようでもあります。24時間365日仕事をしている感覚もありますが、常に遊んでいる感覚でもあるのです。それが何十年もずっと続いています。これは幸せなことかもしれません。結局、最後は、自分が満足して死ぬことができれば、自分がこの世に生まれてきた意味があったのではないかと思います。

脚注

1 1989年2月から1990年12月までTBSで放送された深夜番組『平成名物TV』の1コーナーとして始まったバンドコンテスト番組。FLYING KIDS、BEGIN、BLANKEY JET CITY、GLAY、たまなど多くのバンドを輩出した。

2 インクスティック芝浦ファクトリー。かつて存在したクラブ/ライブハウス。1980年代～90年代前半に有名アーティストのライブや、人気DJイベントが行われた。

3 80〜90年代にテクノ、ハウス、ヒップホップなどの輸入アナログレコードを中心に扱い、人気のあったレコードショップ。

4 80〜90年代を中心に人気を誇ったレコードショップ。旗艦店である六本木店は文化発信基地としての役割も担った。

5 デザイナー古田泰子が1997年に立ち上げたファッションブランド。

6 デザイナー堀川達郎が2001年に立ち上げたファッションブランド。

7 作曲家、音楽プロデューサー。アルファレコード創業者。「翼をください」(赤い鳥)、「エメラルドの伝説」(ザ・テンプターズ)、「経験」(辺見マリ)などのヒット曲の作曲家、荒井由実(松任谷由実)、GARO、YMOなどのプロデューサーとして知られる。

8 1984年にRenaat VandepapeliereとSabine Maesにより設立されたベルギーのテクノ系レーベル。かつてエイフェックス・ツインやケンイシイなどのテクノ系アーティストが作品をリリースしていた。現在は拠点をロンドンに移している。

9 Artist & Repertoire(アーティスト・アンド・レパートリー)の略で、新人アーティストの発掘、育成、音楽コンテンツの企画・制作・管理など、音楽ビジネスに関する制作業務全般を統括するスタッフ。日本では、レコード会社やマネジメント会社の社員であることが多く、ディレクターとも呼ばれる。

10 川島道行と中野雅之から成る日本のロックユニット。1990年に結成され、1997年にベルギーのレーベルR&Sレコーズからデビュー。2016年10月9日、ボーカルの川島が逝去。2017年6月18日に新木場STUDIO COASTにてラストライブを開催した。

11 中古レコードの通信販売で成功を収め、1973年にレコードレーベル「ヴァージン・レコード」を立ち上げ、セックス・ピストルズやカルチャー・クラブ、マイク・オールドフィールドなどの人気ミュージシャンを多数輩出(ヴァージン・レコードは後にEMIに売却)。世界各国でレコードチェーン「ヴァージン・メガストア」を事業展開。その後、ヴァージン・アトランティック航空を設立して航空産業に進出。「ヴァージン・コーラ」などの飲料水事業や、「ヴァージン・シネマズ」ブランドで映画館事業を全世界で展開し、近年は「ヴァージン・ギャラクティック」で宇宙旅行ビジネスにも進出している。

12 ボードの上に立ち、パドルで海などの水面を漕いで進むハワイ発祥のウォータースポーツ。

4

西尾　周一郎

株式会社クレオフーガ
創業者・代表取締役

西尾 周一郎（にしお しゅういちろう）

株式会社クレオフーガ創業者、代表取締役。1982年岡山県生まれ。4歳からエレクトーンを習い始め、学生時代はバンド活動や音楽制作にのめり込む。岡山大学在学中にビジネスプランコンテストで優勝するなどの経験を経て、2007年に音楽サービスを提供する株式会社クレオフーガを設立。「音楽を生み出す人をハッピーにする」を理念として、ストックミュージックサービス「オーディオストック」等の開発運営を行う。オーディオストックでは、楽曲の使用ライセンスを売買できる場を提供。映像制作者に対して、簡単な利用許諾による楽曲の使用を可能にするサービスを提供すると同時に、クリエイターに対しては、自身が制作した楽曲をサイト上に登録して売上に応じた印税を受け取ることにより収益化を支援している。

音楽とITとの出会い

音楽との出会いは、4歳のときにヤマハ音楽教室でエレクトーンを習い始めたのが最初です。中学に上がったぐらいから、バンドでギターをはじめ、作曲も開始しました。将来は、音楽大学に行って音楽家になりたいと思い、そのことを両親に話したら猛反対されて大げんかになりました。いろいろ考えた末、地元の岡山大学工学部に行きながら音楽活動をするということで落ち着きました。

大学では情報工学を専攻しました。もともと親父がシステム・エンジニアだったこともあり、小さい頃からパソコンに慣れ親しむ環境があったんです。親父が新しいパソコンを買うと、お古のパソコンが僕のところに回ってきて、最初はゲームぐらいしかやらなかったのですが、次第にパソコンで作曲や音楽制作を始めました。

子ども時代は自分の中でうまく整理されていませんでしたが、後から振り返ると、自分の中には常に「音楽」と「IT」という2つのテーマがありました。大学時代に、「音楽」と「IT」という2つを掛け合わせて何か新しいことができないかなと考えはじめたのが、起業のきっかけにつながっていったと思います。

学生時代の音楽サイト制作

大学時代、自分でホームページを制作して、その過程で少しですが広告収入が入るようになって、起業のモチベーションが上がっていきました。最初は、自分の作品を聴いてもらうための音楽サイトを立ち上げて、サイト内のコンテンツに「パソコンで作曲するときには、こういった機材を使ったらいいよ」みたいなコラムを書いていたんです。そうしたら、そのコラムがヒットしました。今でこそ、そういった情報が載っているサイトなんてたくさんありますが、当時は少なかったこともあって、ページビューも広告収入も増えていったんです。

最初は月に500円程度の収入でしたが、5千円、1万円と徐々に増えていき、最終的に月に10万円ぐらい稼げるようになりました。自分がやったことがお金になって返ってくるというのが新鮮で楽しくて、より本格的にやろうと思って、当時やっていたコンビニのアルバイトを辞めて、自宅に引きこもっていろんな記事を増やして音楽サイトの制作にのめり込んでいきました。それが、僕の起業家のはじまりです。音楽サイトの制作をしていて、「これは楽しい、これを仕事にしたい」と思ったのですが、自分はこれまでビジネスに関する勉強をしてこなかったので、岡山大学経済学部経営・会計コースに3年次編入して企業経営について学ぶことにしました。

ビジネスプラン・コンテストの優勝賞金を元手に起業

「最初の資金はどうしたんですか」と、よく聞かれるのですが、学生時代に応募したいくつかのビジネスプラン・コンテストの中に「キャンパスベンチャーグランプリ　中国地区大会」というのがあったんです。僕はそのコンテストに優勝して賞金100万円を手にしました。そして、その優勝賞金を資本金にして、２００７年10月に地元の岡山でクレオフーガを創業しました。大学の最終年次で25歳のときでした。

起業したいという人には、ビジネスプラン・コンテストに応募することをおすすめします。コンテストに優勝して賞金を手にすることも大事かもしれませんが、事業計画を立てたり、ビジネスプランを審査員にプレゼンしたり、コンテストの準備をする過程が起業する上で勉強になるんです。「自分は天才的なアイデアを思いついた。何これ、すごいことになるんじゃないか」って思うんですけど、実際にそのアイデアやビジネスプランを人に説明して、理解してもらえるかどうかというのは、また別次元の問題なんですよ。自分の頭の中に素晴らしいアイデアやビジネスプランがあったとしても、誰にも伝わらなかったら意味がないので、それをちゃんと資料に起こして、人に説明することが大事で、それができるのがビジネスプラン・コンテストなんです。たくさんのコンテストに出まくる必要はないです。1つか2つのコンテストに出るだけでも、有益だと思います。

コンテスト事業からオーディオストック事業へ

クレオフーガは、もともと音楽コンテストを開催するサービスをやっていました。代表的なコンテストとして、バンダイナムコさんと一緒にゲーム『太鼓の達人』の楽曲コンペを過去に3、4回やりました。その内容は『太鼓の達人』に収録する楽曲を全国から募集して、集まった2千曲くらいの中から、太鼓の達人のサウンドチームが審査員として実際に審査するのですが、そのうちの20~30曲ぐらいが採用されました。クリエイターの方から自分の楽曲が『太鼓の達人』に採用されたと喜んでいただいて、我々としてもクリエイターの活躍の場をつくっていくのが会社の理念でもあるのでうれしい出来事でした。

しかし、残念ながら、音楽コンテスト・サービスはビジネスとしては鳴かず飛ばずでした。ビジネスモデルとしては、コンテストをやるときに、主催者からコンテストの開催費用をいただくモデルなのですが、そこだとスケールし切らなかったんです。このビジネスモデルをスケールしようと思ったら、月に20本、30本ぐらいの大型コンテストをやる必要があります。でも、コンテストをやりたい人というのはそこまで多くないし、『太鼓の達人』クラスの大きなコンテストも1年に1本くらいなので、これをビジネスとして大きくしていこうと思ったものの、なかなか上手くいかなくて、何回か資金繰りに苦労して、「倒産」という二文字が頭をよぎったりする時期もありました。

でも、クリエイターの方からたくさんの楽曲が集まってきたんです。それをどうにか生かせないかと考えていて。『太鼓の達人』のコンテストでも、楽曲はたくさん集まるのですが、採用されるのはせいぜい10曲、20曲程度です。でも、落選した曲でもいい曲がたくさんあったので、そういった曲をもっと生かせないかなということをずっと考えていました。それで思いついたのが、音楽著作権の次世代プラットフォームである「オーディオストック」なんです。２０１３年に「オーディオストック」のサービスを立ち上げ、コンテスト事業からオーディオストック事業にシフトしていって、ようやく会社の業績も伸びていくようになりました。

「オーディオストック」サービスの概要

「オーディオストック」サービスは、今では会社の主要な事業になっています。サービスの内容は、作曲家や演奏家、歌い手などの音楽クリエイターの方から楽曲をお預かりして、それらの音源をオーディオストックのサイトを通じて顧客に販売していくものです。オーディオストックで楽曲を販売するには審査があり、審査の通過率は5割から6割です。毎月、5千曲ぐらいの登録申請があり、うちの会社の審査で合格した楽曲が表に並んでいくというような感じになります。

現在、サイト上には、20万点以上の楽曲、効果音、ボイスを掲載しておりますが、主な顧客としては、テレビ局、ゲーム会社、アプリ開発会社、広告代理店などが挙げられます。今はB to B（企業間取引）に近い形で、法人顧客向けに楽曲を販売していますが、将来的には、アップルミュージックなどのデジタル配信や、主題歌やテーマソングのタイアップなどもやっていきたいと思っています。

オーディオストックは、「複雑な楽曲の権利処理をオンラインで簡単に処理することができる」というのが最大の特徴で、JASRAC（ジャスラック）はじめ著作権管理団体への申請や、契約書の締結等の煩雑な事務手続きが不要です。音楽の著作権というのは、大ざっぱに分けると、著作権と著作隣接権の2つに分けられます。著作隣接権のほうは、さらに、レコード製作者の権利、一般的には原盤権と呼ばれるものと、実演家、つまりアーティストの権利に分かれます。例えば、ある企業がテレビCMで有名アーティストの楽曲を使いたいと思ったとき、著作権はJASRACに、著作隣接権のレコード製作者の権利はレコード会社に、著作隣接権の実演家の権利はアーティストが所属するマネジメント会社に許諾の申請をしますので、最低でも3カ所の権利者から許諾を取らなくてはいけません。しかし、オーディオストックだと、3カ所の権利者から許諾を取る必要がなく、オンラインで我々1か所の許諾だけで済みます。オンライン上でネットショッピングをするような感覚で楽曲を買っていただいて、すぐに楽曲が使えるという仕組みになっています。

どうしてそういうことが可能かというと、オーディオストックは基本的にJASRACなどの著作権管理団体に管理登録されてない、インディーズや個人事務所、個人クリエイターの楽曲を管理しているからなんです。インディーズはクオリティが低いという時代もあったと思いますが、最近では音楽機材やパソコンの性能も上がって、インディーズであってもクオリティの高い作品が作れるようになっていますし、レコーディングもCDのプレスも安くでき、メジャーと呼ばれる大手レコード会社でないとできないことが非常に減っていると思います。そして、何より、メジャーのレコード会社に所属しているアーティストよりもインディーズや個人のクリエイターの方が圧倒的に数が多い。であるならば、僕らは、インディーズや個人クリエイターの方々をうまく応援できる仕組みをつくっていこうと考えて、このサービスをやらせていただいております。現在、月間3千点ぐらいの新作音源を掲載していますが、将来的には、メジャーで活躍するような才能も支援していきたいと思って、いろいろな作品を集めているところです。

低コストかつ短納期が強み

オーディオストックの強みは、低コストかつ短納期であることです。低コストって分かりやすいと思うんです。単に楽曲の購入価格が安いということです。短納期の何が大事かというと、プロの作曲家に1曲を発注するとなると、1週間はかかります。プロの作曲家に発注して、作品が納品されたとして、それで一発ＯＫってことはほとんどないです。「ここを変えてほしい」とかいろいろなやりとりがあって、何度もリテイクが発生して、完成するのに最低でも2、3週間、下手すると、1カ月や2カ月かかります。

今はビジネスのスピードが上がっていて、例えば、どこかの企業が新製品を出して、その製品のプロモーション動画に合う楽曲が必要になったとき、音楽制作に1カ月も2カ月もかかってしまうと、時間のロスが大きくなってしまいます。映像制作の現場からも、今すぐ楽曲を提供してほしいというニーズが高まっているんです。

音楽制作にかかる時間に加えて、先ほどお話したように、従来の著作権管理の枠組みだと、権利の許諾にかなりの時間がかかります。しかし、オーディオストックだと権利処理も簡便ですぐに楽曲を提供できるので、そこが今の時代に合ったうちの強みだと思っています。

オーディオストックの楽曲は、夜中に購入されることが多いです。僕らが寝ている間に、楽曲を買っていただいているんです。どうも、映像制作会社や広告代理店の方々が夜中に納期に追われてお仕事されていて、その時に楽曲を購入されているようです。今の時代、早いっていうことは、単に早く商品が納品できるということだけでなく、事業の競争優位性にもつながってくるので、非常に重要なことだと思っています。

自社スタジオによるレコーディング

クレオフーガの本社は岡山ですが、２０１２年に東京オフィスを開設しました。東京オフィスにはレコーディング・スタジオがあって、Pro Tools（プロ・ツールス）[2]を使っていろいろレコーディングをしています。うちでは、オーディオストック・レコーディングと呼んでいますが、さまざまな楽器演奏家を招いてレコーディングを行い、完成した作品をオーディオストックで販売しております。

スタジオの活用でいうと、オーディオストックの上位クリエイターには、スタジオを無料で貸し出していて、クリエイターの制作を支援しています。今の時代、作曲自体はある程度、打ち込みでできますけど、レコーディングとなると、防音設備を整えたり、録音機材を揃えるのが難しいので、クリエイターの方々の楽曲制作やレコーディングにうちのスタジオを使っていただいております。このスタジオを通じて、クリエイターの作品の品質が高まり、演奏家の活躍の機会がつくれたらいいなと思っています。

オーディオストックの利用用途

オーディオストックの楽曲は、例えば、大塚製薬のインドネシア法人のポカリスエットのＣＭなど、多くのテレビＣＭで使われています。インドネシアのポカリスエットのＣＭには面白い後日談があって。ポカリスエットのＣＭにオーディオストックで販売された楽曲が使用されたのですが、その楽曲は広島県で活動している deneb（デネブ）というインディーズバンドの曲だったんです。このバンドは日本ではあまり知名度がありませんでしたが、インドネシアでボカリスエットのCMで彼らの曲が使われると、インドネシアで大フィーバーになるほど曲がヒットして、一躍、人気者になりました。僕らが仕掛けたということは全然なくて、偶然に近いヒットだったのですが、こういったことが起こるのは面白いなと思います。このデネブというバンドは、最近、インドネシアでライブツアーをやったりして活動の場も広がっているようで、僕としてもうれしいですね。

テレビCMの他にも、有名メーカーやブランドのイメージ向上のためのウェブCMであったり、いろいろなところで使われています。うちで販売している楽曲は、特に、インスト系のBGMが多いので、動画の主役ではなく脇役みたいな形で使われているんです。動画コンテンツというのは、音楽がないと寂しいですし、でも、楽曲を使用するとなると、権利処理が煩雑で、間違った方法で使用してしまうと、JASRACなどの著作権管理団体が飛んできたりする時代なので、正しく権利処理がされた楽曲を使いたいと考える企業や個人が増えてきたのかなと感じています。

オーディオストックの楽曲を使ってくれている広告代理店の人に話を聞いてみると、テレビCMの長さは15秒なので、一から曲を作ってしまうか、タイアップで曲を提供してもらうかのどちらかなんですけど、2分半くらいのある程度長い時間のドキュメンタリー映像だと、音楽に困るみたいなんです。プロの作曲家に発注することもあるけれど、制作の時間もコストもかかるので、そういう時にうちで買っていただいているらしいです。オーディオストックだと、1曲数千円で買えますからね。

昔はオーディオストックのようなオンラインサービスなどなくて、業務用の音源集みたいなCDがあって、テレビ局や広告会社ではそのCDを利用していたみたいです。でも、CDから引っ張り出すのが面倒だったり、音源の数も限られています。でも、うちみたいなオンラインのサービスだと、常に新しい曲がどんどん入ってくるので、お客さんからすると、いつも新しい曲があるのが良いようで、そこらへんがサービスの強みだと思います。

あと利用される方に結構言われるのが他社の映像作品の音楽と絶対にかぶりたくないというのがあるそうです。映像制作を請け負ったクリエイターの方が映像作品を発表したときに、「あれ、この音楽どこかで聞いたことあるな」と言われないような音楽を使いたいそうです。他社の映像作品で使用されて有名になった楽曲はすでに色が付いてしまっているので、まだ世の中の人が聴いたことのない楽曲を求めていて、そういった意味でも次々と新しい音楽が入ってくるところに

魅力を感じてもらっているようです。

他に変わったところだと、野球の試合が始まる前の選手紹介のビデオ映像とか、飲食チェーン店が従業員に野菜の切り方を教える教則ビデオとか、幼稚園のイベントとか、専門学校の紹介映像、自治体の観光PR映像などなど、本当に広く薄くうちの音源が使われていて、「こんなところやあんなところでも使われているんだ」と思ったりしています。

オーディオストックの目標

現在、オーディオストックで活動しているクリエイターの数は1万人います。一番稼いでいる方は、年間で400万円から500万円ぐらいの収入があります。今後、この金額を増やしていって、1人2人でも良いので、オーディストックだけで年間収入が1千万円を超えるようなスター・クリエイターを輩出したいと考えています。僕らは、既存の仕組みとは異なるオーディオストックという新しい仕組みで活躍し成功するクリエイターや作曲家をもっと増やして、成功事例を世の中に示していきたいと思っています。

スペースシャワーネットワークと資本提携

事業を成長させるにあたり、人員を増やしたり、資金も必要だったりということもあって、2018年に音楽専門チャンネル「スペースシャワーTV」をもつ株式会社スペースシャワーネットワークと資本提携し、他のベンチャーキャピタル等も含めて2億6千万円の増資をしました。スペースシャワーは上場している大企業で、Suchmos（サチモス）などのアーティストマネジメントや、「Sweet Love Shower（スウィート・ラヴ・シャワー）」という人気の野外ロックフェスティバルの企画運営を手がけております。また、渋谷でWWW（ダブリュダブリュダブリュー）というライブハウスの運営を行うなど、音楽という切り口で様々な事業を展開されています。そういったスペースシャワーのネットワークやリソースをお借りしたいということもあって、今回、資本提携させていただきました。

具体的にいうと、弊社のオーディオストック・サービスで、有望なアーティストが出てきたときに、アーティストをライブに出したいと思っても、僕らはそういうマネジメントやライブのノウハウがないので、スペースシャワー経由でフェスやライブ、テレビに出演させてもらったり、そういう連携ができれば良いと考えて準備しています。それとは逆に、インターネットやウェブサービスの活用に関しては、僕らみたいなベンチャーの方が詳しかったりするので、インターネットを活用した新たな才能の発掘みたいなところは、僕らがスペースシャワーのお役に立てるのかなと思っています。

資本政策

会社は、株式を発行することで資金を調達します。例えば、ある会社の株式が1千株だったとき、100株を新株として発行して、その100株を誰かに買ってもらうと、会社に新たな資金が入ってくるわけです。そういった形で、2018年はスペースシャワーネットワークなどから2億6千万円ぐらい、その前に4千万円ぐらい出資を受けたりしていたので、累計で3億円ぐらい資金調達をしています。

資金調達をする場合としない場合の違いは、会社がどういう事業成長を目指しているのかということになります。家族経営で細々とやっていくのであれば、増資をする必要など全くなくて、自己資金でやれる範囲内で成長していけばいいんです。しかし、大きな事業をやろうと思ったとき、それだと時間がかかるんですね。僕らは、人も欲しいし、大きなこともやっていきたいという中で、お金が必要となる部分がいろいろあって、そこで増資することで資金を得るという選択肢を採ったんです。

でも、増資はデメリットもあって、株式を発行するということは株主が増えることにもなります。例えば、銀行から融資を受ける場合、毎月、銀行に借入金を返済していれば、銀行から会社の経営に対して口を出されることはないのですが、株主というのは会社の重要なステークホルダーでもあるので、どうしても口を出されるんです。いい株主であれば、いいアドバイスをもらえるので、それ自体はメリットかもしれませんが、変な株主がいると、経営に口を挟まれてやりづらくなってしまいます。当社は幸いそのようなことはなく良い株主に恵まれていますが、それで失敗する企業もあります。株主という利害関係者が増えてしまうと、経営の足並みが乱れる危険性もあるので、増資することはいいことばかりではないんです。

「大人から500万円を出資してもらって会社を作りました。ウエーイ。」とかやっている若い学生ベンチャーの経営者がいて、よくよく話を聞いてみると株式の半分くらい相手に持たれているみたいな話はよくあります。過半数の株式を持たれると、社長であっても自分で物事を決められなくなるのにどうするのだろうと思ったりします。

僕は、基本的にのんびりしている性格ですが、毎月、取締役会で株主に事業の報告をするときは、緊張感があります。出資してもらった分、頑張らないといけないというのもあって、自分の考えと出資者の考えのバランスをどうとるかが大事になります。

ビジョン：Happy Musicians, Happy Music

クレオフーガでは、「Happy Musicians, Happy Music」という理念を掲げています。これは、音楽家を幸せにすることで、幸せな音楽が生まれるという意味です。会社の理念というのはやはり大事だと、最近感じます。会社の理念がどうして大事なのかというと、会社のメンバーが向く方向性をみんなで確認する必要があるからです。社内の人数も増えてきたので、改めて、自分たちがこれからどういう方向を目指すのかをいろいろ考えました。例えば、もしうちの会社の理念が「とにかくもうけよう」というものだったとしましょう。そうなると、オーディオストックの仕組みを使って、音楽だけでなく、写真や動画、イラストなどを販売する、つまり、水平展開でビジネスを行うと儲かるんじゃないか、そういう話になるじゃないですか。だけど、クレオフーガは「音楽を生み出す人をハッピーにする」という理念なので、音楽以外は基本的にはやらないことにしています。

先ほどの水平展開に対して垂直展開と言いますけど、タテの展開ですね。要するに、僕たちは、音楽を作るところからサポートしたり、音楽を作った後のアーティストのマネタイズを支援したり、基本的には音楽のタテ軸ですべてやりますという感じです。だから、「この事業をやるべきか、やるべきでないか」となったとき、社員全員が「この事業は、音楽を生み出す人をハッピーにできるのか」という理念に立ち返ると意思決定しやすいのではと考えます。そう言う意味でも理念は大切だと思います。

社員数人の創業時はそんなに気にしていませんでしたが、社員数が増えてくると理念というものが大事になってくると思います。もちろん、やりたいことは社員個々で異なるのは当然良いのですが、会社は一つの組織です。みんながバラバラの方向を向いていたら力を合わせて仕事ができないので、そのベクトルをうまく合わせる、理念はその役割を果たしていると思っています。

社員親睦を兼ねた社員合宿

毎年1回は泊まり込みの社員合宿をやっています。昨年は福岡で、一昨年が香川、その前は岡山でした。普段、会社の会議室で会議をしていても、日常業務の延長線上の発想しか出てこなかったりするのですが、地方の温泉とかに行って会議をやると、開放感があるからか、急に夢を語り出す社員がいたりして、結構面白いんです。うちの会社は割とフラットというか、社員もみんな僕にいろんな意見を言ってきますし、そういう議論を日常業務から離れた所で合宿という形でやるというのはとても良いです。

とはいえ、合宿では、遊んだりもしています。基本的には1泊2日で、1日目は朝から晩まで缶詰で会議をして、2日目は遊びにしています。うちは岡山と東京にオフィスが2カ所あるので、オフィス間のスタッフが交流する機会が少ないので、懇親の意味も含めています。なので、ゴルフをしたり、バーベキューをしたり、観光して海に行ったりします。香川に行ったときは、みんなでこんぴらさんに登ったり、うどん食べめぐりツアーしたり、そんなことをやっていました。

社員コミュニケーションとしての社内ラジオ

2年前から、社内でラジオをやっています。せっかく社内にスタジオがあるのだから活用しようということもあるのですが、社員数が増えてきて、社長である僕が日々、何をしているのか分からないという声も出てきたんです。特に、うちの会社は岡山と東京に2つのオフィスがあるので、私が常に一つのオフィスにいるということがないのでなおさらです。例えば、「スペースシャワーと新しい取り組みをしようと思っている」という結果報告だけだと、会社としてどうしてそれをやるのかということが、社員に伝わっていなかったりするので、「自分にはこういうビジョンや戦略があって、これをやります」ということを、ラジオで補完する形で伝えています。

僕がやるのは「社長ラジオ」と呼んでいるものなのですが、社員による「社員ラジオ」というのもあって、今日、営業先でこんな話があったとか、取引先に行ってこんな打ち合わせをしてきたとか、社外に出せないような話をしています。完全な社内向けのラジオなんですが、社員同士のコミュニケーションの一環としていいのかなと思ってやっています。最初は試しに1ヶ月やってみたのですが、好評だったので、現在も続けております。

ベンチャーが音楽業界を変える

今、音楽産業は激変の時代を迎えています。僕が大学生のときは音楽ＣＤがものすごく売れていました。100万枚や200万枚を超えるＣＤがたくさんあった時代でした。そういうＣＤが売れる時代は、別にベンチャーなんて要らないんです。レコード会社がＣＤを作って頑張って売るという音楽業界のこれまでの王道のやり方で良かったわけです。ただＣＤが売れなくなり、ビジネスモデルが大きく変わってきている今の時代だからこそ、うちみたいなベンチャー企業が新しい音楽サービスや音楽ビジネスをやることに大きな意味があるのだと思います。

レコード会社の場合、会社の規模が大きかったり、新しいことを始めにくいことが背景にあって、なかなか新しい事業が立ち上がらないのが現状です。僕の場合、人生がかかっているというか、会社が倒産したら自己破産になるぐらいの大きなリスクを背負ってやっています。大企業は、お金があって、いろいろなリソースを使えるので、新規事業を成功しやすいと思われがちなのですが、意外とそうでもないです。新規事業では、一極集中で勝負すると、ベンチャーも大企業に負けなかったりします。2018年に上場したメルカリも、創業当初は、「ヤフオクがあるから、ヤフオクでいいじゃん」みたいなことをひたすら言われ続けていましたが、彼らは「アプリでのフリーマーケット」という未来をつくって成功しました。音楽の世界でも、メルカリのような面白いベンチャーがもっと出てくるといいなと思っています。

音楽分野の起業は少ないです。グーグルとかで検索をかけても、音楽のベンチャー企業はあまり出てきません。僕としては、音楽で起業してくれる人が増えるとうれしいので、とにかく音楽が好きで、音楽でやりたいことがある、音楽で実現したいことがある、組織に属さず自由に生きたい人は、起業に向いてると思うので、ぜひ起業に挑戦してみてください。

クラウドファンディングによる音楽制作

音楽制作にかける予算は昔と比べて随分変わってきました。昔は、シングル曲1曲を作るのに数百万円の予算があったのですが、今ではかなり予算が少なくなっています。良いレコーディング・スタジオだと、スタジオを借りるだけで高額な費用がかかるので、カツカツなんです。CDが売れていた時代、レコード会社は、新しいアーティストにたくさんのお金を投資していましたが、今ではそういった余裕がなくなってきています。そうした状況で、アメリカでは、新しいアーティストのレコーディング費用をクラウドファンディングで集める事例がかなり普及していますが、日本ではアイドルがたまにやっている程度で、まだ一般的なものではありません。

コーライティング：音楽制作の未来

音楽制作の未来的な話をすると、最近、「コーライティング（Co-Writing）」がはやっています。うちでもコーライティングを支援していて、タワーレコードと一緒に、40人ぐらいのクリエイターを集めてコーライティング・ワークショップというものをやっています。3人か4人ぐらいのチームに分けて、各チームが協働して楽曲を制作して、1カ月後に1曲を発表するというイベントです。これが面白くて、たまにけんかするチームもあったりするのですが、皆さん、楽しんでやられていました。参加者から、「普段自分が作らないような音楽を、コーライティングを通じて他人の意見を取り入れながら作れるようになった」というようなポジティブな意見がたくさん聞かれました。音楽制作のスキルアップもそうだし、コミュニケーション能力の向上という意味でも、とても面白いと思います。

日本の場合、作曲は1人でやるというのが主流だと思いますが、アメリカでは、コーライティングが当たり前になってきています。2015年のビルボードチャートのトップ100のうち、個人が作った楽曲って、たったの2曲なんです。実は、売れているほとんどの楽曲がチームとしてコーライトで作っているんです。最近だと、『グレイテスト・ショーマン』や『ラ・ラ・ランド』という映画の歌曲を作ったパセク&ポールはいつも2人のチームで作っていて、2人が作詞、作曲の両方とも一緒にやるみたいな、チームで作るのが主流になってきています。コーライティングは新しい時代の音楽制作の潮流ですし、日本でも増えてくると思います。

これからの音楽業界の組織

最近、小規模チームで動いたほうが、損益分岐点が低いということが改めて見直されています。例えば、レコード会社の場合、ディレクターや宣伝プロモーターなどの編成チームで動くことになるので、1万枚、2万枚のCDを売り上げないと、採算が取れない。でも、インディーズや個人事業主の場合、やり方次第で2千枚、3千枚でも、十分に利益が出ます。CDだけではなく、ライブで稼ぐっていう手もあるし、インディーズや個人事業主のような小規模チームでコンパクトに動くのが、今後の音楽業界における組織のスタンダードになっていくと思います。

仕事が楽しいと言える大人になりたい

「仕事が楽しいと言える大人になりたい」というのが、僕の持論としてあります。「仕事が楽しい」と言える大人って素敵だなと子どもの頃から思っていました。ほとんどの人が、大学を卒業して、23歳ぐらいから60歳ぐらいまでずっと仕事をするわけじゃないですか。40年間ぐらい仕事をする上で、仕事が苦痛というのはつらいなと思います。僕は「めしを食うためだけに仕事をしたくない」という考えの人間ですし、仕事が楽しいと言える大人になった方が人生は楽しいんじゃないかと思っております。

自分がどんなタイプなのか見極める

以前は、カリスマ性があって、リーダーシップがあって、みんなをグイグイ引っ張っていくタイプの人が、すごい経営者なんじゃないかと思っていた時期もありましたが、いろんな経営者と話をする中で、経営者のみんながみんなそういうタイプではないことが分かりました。体育会系のグイグイ人を引っ張っていくタイプの経営者もいれば、一見おとなしそうだけれども、人望があったり、何らかの特技を持って組織を統率している経営者もいます。だから、自分がどんなタイプなのかを見極めることが大事だと思います。

何かのきっかけで人から刺激を受けて、その人に尊敬の念を抱いたときに、あまりにも自分と異なるタイプの人を参考にし過ぎると、「自分はこの人にはなれないな」と、逆にへこんでしまうことがあります。人それぞれタイプが違いますから、尊敬する人を見つけるにしても、自分と似たタイプの尊敬できる人を見極めることが大事だと思っています。何かで成功した偉い人の話を聞いたとしても、その話が参考になるかどうかは別問題です。つまり、自分が尊敬してまねをする人を間違えないでほしいということです。

自分が選んだ人生を歩むためには

最後は自分の頭で考えて行動できることが重要です。「偉い人が言っていたから」とか、「世の中がこうだから」とかではなくて、自分が考えて選んだ選択肢を実行すべきだと思います。

僕は歴史が好きで、毎週大河ドラマを見ているのですが、自分で考えるということは戦国武将の意思決定が参考になると思います。何かを決めるにしても、情報がないと決められないので、まず情報を集める。戦国武将でいくと、昔なのでインターネットもないので、スパイを放って、各国のリアルな情報をまず集めます。それから、「お前はどう思う」みたいな感じで参謀の意見を聞きます。すると、武将自身では出てこないようなアイデアが、参謀から出てくる。

つまり、家族や友人、先輩、先生など、人の意見を聞くことはとても大事なことなんです。ただ、最終的に決断するのは自分です。「友達がこう言ったからこうする」とか、「先生がこう言ったからこうする」というのではなくて、いろんな人の意見を聞いた上で最終的に決断することが、自分で考えることだと思っています。これを繰り返すと、おそらく力が付いてくると思います。日々、何となく過ごして、流されて生きていくと、こういう意思決定をする機会が減ってしまうのですが、これを若いうちから繰り返しておくと、自分が選んだ人生を歩めると思います。

やはり決断することが重要です。人間というのは、決断を経験していくことによって、経験値が上がっていきます。だから、自分で考えて決める。人生は、小さな意思決定を繰り返すことで作られていくものだと僕は思っています。

脚注

1 ビジネスの規模を拡大すること

2 アメリカのアビッド・テクノロジー社が開発・販売している音楽を録音したり編集したりする、DAW（デジタル・オーディオ・ワークショテーション）ソフト。音楽業界のデファクトスタンダードとなっている。以前は、高価な機器と接続して使うことが多く、誰でもが気軽に使うことのできない、あこがれのソフトでもあった。

5

堀口 直子

株式会社アリア ミュージックオフィス
創業者・代表取締役

堀口 直子（ほりぐち なおこ）

株式会社アリア ミュージックオフィス創業者、代表取締役。長崎県佐世保市出身。武蔵野音楽大学ピアノ科、同特修科卒業。絶対音感を持つピアニストとして3000曲のレパートリーを持つ。25歳で株式会社アリア ミュージックオフィスを設立。コンサート企画・運営、プロデュース、出張生演奏等を行う。また、「音楽療法による認知症ケアの統計学的データ検証」、「気分障害の緩和に絞った認知症対応型音楽療法プログラムの開発」等の学会発表も行っている。音楽を効果的に使ったメンタルヘルスケア、音楽の取り入れ方などの企業向け講演も多数行い、幼児、児童のための音楽を使った脳育、認知症予防のための音楽レ・クリエーション指導士を年間600名育成するほか、音楽を社会に役立てていくための活動を進めている。東京国際芸術協会会員、ヘルパー2級取得、介護予防指導員、社団法人認知症高齢者研究所研究員、一般社団法人日本音楽レ・クリエーション指導協会理事長。

音楽との出会い

私と音楽との出会いは、母のお腹にいたときです。母は生まれてくる子どもにピアノをさせるんだと決めていて、胎教にクラシック音楽を聴かせていたようです。母の実家はそれほど裕福ではなかったため、母はピアノを習うことができませんでした。それで、自分に子どもができたら、絶対にピアノを習わせて、『エリーゼのために』を弾いてもらいながら、自分はコーヒーを飲みたいという夢があったそうです。昔は今と違って、男の子が生まれてくるのか、女の子が生まれてくるのか、生まれてみないと分からないのですが、母の中では女の子と決まっていたみたいで、実際に生まれてきたのは女の子でした。

私がピアノをはじめたのは、4歳のときです。幼稚園の先生に憧れて、「この先生みたいにピアノを上手に弾きたい」と思ったらしく、自分から「ピアノを習いたい」と言ったそうです。母はもともと私にピアノを習わせるつもりだったので、「それじゃあ、ヤマハの音楽教室に行こうか」と言って、私をヤマハの音楽教室に連れて行きました。

ヤマハの音楽教室に入ると、私はものすごい勢いでピアノが上達していって、すぐに専門コースで習うことになりました。そこでさらにピアノの腕前が上達して、8歳のときから長崎県佐世保市で毎年何人も有名音楽大学に入学させるピアノ演奏教育の第一人者といわれる先生にピアノを習うことになりました。その先生は武蔵野音楽大学のピアノ科を卒業されていて、私はこの先生のことが大好きでした。まだ小学生でしたが、「将来、武蔵野音楽大学に入って、先生のようなピアニストになるんだ」という目標を持つようになりました。

それから、ピティナ・ピアノコンペティションなどのコンクールに出場して、九州大会や全国大会を目指すようになりました。私は、幼い頃からコンクールに出場したり、年に1回の発表会をやってきたので、人前に出て何かをすることに抵抗感がありません。これは、昔からたくさんのコンクールに出場してきて、度胸を付けてきたからかもしれません。

私にとって、音楽は体の一部という感じですね。自分の頭の中で常に音楽が鳴っていますし、雨がポツポツと降ってくると、そのポツポツがリズムに乗って、曲のように聞こえてきますし、車のブーンというエンジン音も同じように音楽として聞こえます。私の人生は音楽によって形成されていて、今の自分があるのは音楽のおかげです。自分が音楽以外のことをやるというのは考えられません。

コンクールの挫折と、コンサートのプロデュースがターニングポイントに

幼い頃の私の目標は発表会に出ることでした。そして、発表会に出ることができました。次の目標はコンクールに出場して長崎県で一番になるというもので、それも叶いました。その次の目標は憧れのピアノの先生と同じ武蔵野音楽大学のピアノ科に入学するというもので、その目標も達成しました。

大学に入学してからは、成績上位15人しか演奏できないピアノ科の卒業演奏会に出るという目標を定めて、360人ぐらいいたピアノ科の同級生の中から最終的に15人に選ばれて卒業演奏会に出場することができました。

大学卒業後の目標は、ピアニストになることでした。例えば、サントリーホールで演奏する有名ピアニストまでいかなくとも、ピアノだけで生計を立てることは可能です。私は歌い手のピアノ伴奏をやっていたのですが、本番1回の演奏で2、3万円を頂けますし、レッスンやリハーサルを含めると、それなりの報酬を得ることができ、ピアノだけで生活ができます。そういった意味において、大学卒業後の私は、たくさんのピアノ伴奏の仕事を頂いて生計を立てることができるようになりましたし、大きなコンサートホールでの演奏を何度も経験してきたので、ピアニス

トになるという目標を達成したと思います。

つまり、幼い頃から大学卒業後の23歳くらいまでの私は、自分が設定したすべての目標を達成してきたわけです。ですから、当時の私は、「私って、結構上手じゃないの」と恥ずかしながら自分に自信を持っていました。

その頃、秋田で開催されたあるピアノコンクールを受けました。当然、私は1位か2位になるつもりでいたので、予選の次の日にある本選に出場するためにあらかじめホテルを予約していました。しかし、結果は、予選敗退で本選まで進めませんでした。私にとって初めて味わう大きな挫折でした。

その時に、自分は井の中の蛙だったことに気付きました。大学では常に成績上位で、周りから上手いともてはやされてきましたが、自分は駄目だったのです。そこで挫折を味わったのと同時に、自分の中でピアノというものをある程度やり切った感覚がありました。

そんな時、偶然、「堀口さん、ちょっとコンサートを企画してくれない」とコンサートのプロデュースを頼まれました。私自身も2、3曲を演奏しましたが、基本的には他の演奏家が演奏するコンサートで、コンサート全体の企画運営やプログラムの作成などを行いました。思いのほか、このコンサートが楽しかったんですね。その時、私は、自分がピアノを演奏するよりも、他の演奏家のコンサートをプロデュースして、彼らが観客から拍手をもらっている姿をカーテン越しで見ているプロデューサーの仕事のほうが自分には合っているんじゃないかと思ったんです。ピアニストとしての自分の実力に見切りがつき、ピアノ以外の楽しいものを見つけたという意味で、先ほどのコンクールの挫折と、コンサートプロデュースの経験は人生のターニングポイントになりました。

起業へと突き動かした3つの強み

私が起業しようと考えたのは、自分には次の3つの強みがあると思ったからです。1つ目は、楽譜の初見が得意なことです。初めて見たほとんどの楽譜をぱっとその場で弾けます。加えて、伴奏が得意です。今の会社でやっている出張生演奏の仕事で、ソロのピアノの仕事というのはあまりありません。それよりも、歌とピアノ、バイオリンとピアノ、サックスカルテットというような仕事が多いです。でも、伴奏者が誰もいなかった場合、私が伴奏の穴埋めをできると思いました。

2つ目は、演奏家の友人がたくさんいたことです。音大出身ということもあり、いろいろな楽器を演奏できる演奏家が私の周りにはたくさんいました。

3つ目は、コミュニケーション能力です。私は1日最高6時間の講演をしたことがあるのですが、人前で話をすることに昔から自信がありました。営業して仕事を取ることができるというのは、コミュニケーション能力にかかっています。

楽譜の初見ができる、周りにたくさんの演奏家がいる、コミュニケーション能力がある、この3つの強みがあったので、私は起業できるのではないかと思うようになりました。

最初の起業

大学卒業後、1年間、武蔵野音楽大学の特修科に通い、その後、ピアニストとして、特に声楽やオペラの伴奏を中心に活動をスタートさせました。伴奏者だったこともあり、私には音楽家の知り合いがたくさんいました。そこで、自分だけでなく他の演奏家の仕事も引き受けられるのではないかと考え、ピアノや声楽、バイオリンなどの演奏家の友人を誘ってアリア音楽事務所をはじめました。

アリア音楽事務所は最初、会社組織ではないただのグループでした。それを会社にしようと思ったのは、ある事件がきっかけです。グループで活動していたときに、印刷業界に精通している会社役員の方から「堀口さんのところはなかなか面白いね。印刷業界もパーティーをよくやるんだよね。そういうパーティーに生演奏があるといいと思うんだ。一緒に新しい会社をつくらないか?」と誘われました。その方が社長で、私は副社長で、これはいい話かもしれないと思って受け入れ、半年間かけて準備をしました。

ところが、その会社役員の方が男性特有の、とても納得できないような条件を出して来まして、この話をご破算にしました。

そこで私は気づきました。結局、人頼みというのは駄目なんだと。社長がいる会社に自分が副社長として参加するというのは虫のいい話だということが分かりました。そして、自分が責任者でない限り、いくら自分が使命感を持って仕事に取り組んだとしても、自分がトップに嫌われたら仕事がやりづらくなるし、会社が倒産したら終わりです。その事件をきっかけに、私は自分がトップになって会社を興さないといけないと考えるようになりました。

個人・グループと会社との間に大きな差を感じ、24歳で会社設立を決意

会社組織でないアリア音楽事務所の名刺を差し出すと、「グループでやっているんですね、お

金持ちのお嬢さんなんでしょう」という反応なんです。趣味でビジネスをやっていると思われていたんですね。当時の私は、実家からの仕送りは大学卒業と同時に終わって、必死になって自立した生活を送っていました。しかし、実家がお金持ちの音大卒のお嬢さんが遊びでやっているように見られていたのです。株式会社であれば営業先の会社の会議室に通してもらえるのに、当時の私たちは通してもらえませんでした。要するに、私たちは社会から信用されていなかったのです。やはり、会社と個人やグループとの間には大きな差があったのです。

また、グループで仕事をしていた時、財閥系のある大企業からパーティーでの演奏依頼の話がありました。その大企業の場合、仕事を依頼する相手先の条件として、1千万円以上の資本金を持った株式会社でないと取り引きできない規定があったんです。つまり、仕事を依頼する相手が信用できる会社かどうかを資本金で判断するわけです。取り引きするにあたり、相手先がどんな会社なのか、どんな経営者なのかなんて毎回面接したりしません。ホームページ上の会社概要を見て、会社の資本金や売上高を調べて、それで判断するんです。とてもいい話だったのですが、先方から「申し訳ございませんが、おたくに口座を開くことはできません」と言って断られました。口座を開くというのは、お金のやりとりをするということです。大企業からの仕事でしたが、株式会社でなかったばかりに、せっかくのチャンスを逃してしまい、とても悔しい思いをしました。

別の会社に営業に行って断られた時に、「どうしてうちに仕事をくれないんですか」と聞いたことがあります。その時、その会社の方からこう言われました。「もしあなたに頼んで、あなたが途中で事故にあったり、高熱を出したりしたとき、うちのパーティーに穴が空きますよね。その時はどうするんですか」と。私は、「いや、他に誰かを探します」と答えました。すると、その方は「演奏中にいきなりあなたが倒れて、意識がなくなったらどうするんですか」と言いました。それに対して私は、「あ、それは……」と上手く答えられませんでした。その時、私は、やはり会社という組織が必要なんだと思いました。「友達に頼めばいいや」と考えたとしても、すぐに友達に連絡がついて代役を務めてくれるかどうかなんて分かりません。会社というのは、ある人がいなくなったとしても、代わりとなる別の人が仕事を回してくれるんですね。だから会社には信用があるんです。

先程の事件と同じような時期に、いろいろなことが重なって、自分はビジネスについて何も分かっていないことに気付いて、24歳で経営塾に入りました。そして、25歳のときに株式会社アリアミュージックオフィスを設立しました。

「戦略行動塾」で経営学を学ぶ

ある異業種交流会に参加した時、経営塾を主宰している方とお話をする機会がありました。その方から「戦略と戦術の違いが分かるか？」と聞かれて、「それは何ですか？」と私は聞き返しました。その後も、「経営の世界で有名な誰それを知っているか」など、いろいろと質問されたのですが、私はそれらの質問に一切答えられずに「？・？・？」みたいになっていたら、その方から「これだから音楽家というのは駄目なんだ」と言われたんです。最初、私は、ずばずばと言いたいことを言う人だなあと思っていたのですが、「君は経営者なんだから、経営のことが分からないでどうする。経営をちゃんと学ばないと、音楽業界が廃れるぞ。うちの経営塾で勉強しなさい。」とおっしゃったんです。それはもっともなことだなと思い、その方が主宰する「戦略行動塾」という経営塾に入ることにしました。当時の私には、起業して会社を経営する上で自分に足りないものが分かっていましたし、私の経営の先生であるその方との出会いに縁を感じて、入塾することをすぐに決めました。

戦略行動塾は、月1回のセミナー形式で、初級コース、中級コース、上級コースがあり、私は初級からスタートしました。当時、私が受講した初級コースには10名ほどのメンバーがいて、誰もが知る大企業の管理職の方々が参加されていました。その中で24歳の私は最年少でした。ビジネス経験豊富な方々の中に混じって、大学卒業からそれほど経っていない右も左も分からない私が「会社を作りたいです」と言うと、先生から「どうせ会社をやるんだったら、一部上場ぐらい目指せ」と言われて、私は一部上場が何なのかも分からず、「私は一部じゃなくて全部上場させます」と言ったら、みんなに大笑いされました。それくらい当時の私は経営に関して何も知りませんでした。でも、分からないということは恥ずかしいことではありません。私は臆せずみんなに何でも聞いていました。

うちの会社のヒット商品である「五楽線」は、経営塾の同期の方々の協力を得て生まれた商品なんです。商品のデザインやネーミング、製造の方法など事細かく教えてもらい、経営塾のメンバーにはいろいろとサポートしていただきました。でも皆さん、ただ甘やかすだけでなくて、「今度はこうしたほうがいいよ」と的確なアドバイスや、時には叱咤激励もしてくださいました。

先生には厳しく指導して頂き、経営のイロハを叩き込まれました。毎月、先生に叱られるために経営塾に行くような感じでした。でも、多くの経営者の方々がおっしゃるように、経営者にとって、自分のことを叱ってくれる存在というのはとても大事です。先生のように叱ってくれる人がいなかったら、おそらく私の会社は大変なことになっていたと思います。先生は、最終的に、私の会社の株主になってくださいましたし、本当に感謝しています。この経営塾には、24歳で起業を決意してから6年間通い、経営に関する様々なことを学びました。経営塾のメンバーとは今でも交流があり、半年に1度定期的に飲み会を開催して、お互いの近況を報告し合ったりしています。

出張生演奏

アリアの中心となる事業は、演奏家を派遣する出張生演奏です。企業からの依頼が多く、つい最近も、トヨタの高級車レクサスの販売代理店から、ある店舗をリニューアルしたので、お得意様をお迎えして特別なコンサートを開いてほしいという仕事の依頼を受けました。普段の販売代理店は車がたくさん並んでいますが、その車を全部撤去して、そこにハープとバイオリンとチェロの3人組を入れて、店舗リニューアルのお披露目コンサートを行いました。2日間計4ステージで、270名のお得意様やお客様をお迎えしました。レクサスさん、大東建託さん、ソニー生命さんなどの大手企業からの依頼を受けて出張生演奏を行っていますが、弊社にとって売り上げの高いお仕事になっています。

その他、企業からの依頼だけでなく、個人の方からの依頼もあり、お花見コンサートや音楽葬（お葬式での生演奏）、自宅コンサートなども行っています。出張生演奏事業の難しいところは、収入が安定していないところです。今年の2月は出張演奏の仕事がゼロでした。クラシック音楽業界というのは2月と8月が暇だと言われています。ですから、2月には仕事がないものだと考えて、アリア主催のトークコンサートやディナーコンサートを定期的に開催するなどして、他の月でしっかりと収益を上げるようにリスクヘッジしています。こういう考え方はベンチャー企業ならではだと思います。

遠隔地での地産地消コンサート

毎年3月から11月までの期間中、熊本県にあるなかなか予約の取れない高級温泉宿のガーデンコンサートに演奏家を派遣しています。東京から演奏家を派遣するのは予算的に難しいということで、知恵を絞り、地元である熊本県や隣の大分県を中心に演奏家を探すことにしました。そして、YouTube（ユーチューブ）を使って演奏家たちを面接し、6名を選出しました。この事業はもう4年目になるのですが、フルート、チェロ、三味線、長唄、サックス、篠笛の6名の演奏家が毎日シフトを組んで演奏しています。

地方では音楽の仕事はほとんどありませんし、演奏家の報酬も価格崩壊しています。この高級温泉宿でのコンサートは、地元の演奏家にとって音楽の仕事ができる良い機会になっています。東京に拠点を構えるアリアにとって、遠隔地で地産地消の音楽事業ができる成功例になったので、今後、全国のいろんな温泉やホテルでの取り組みをこれから増やしていきたいと考えています。

販売総数13万個の大ヒット商品「五楽線」

「五楽線」という商品の開発と販売を手がけています。「五楽線」は、切って、貼って、剝がせる五線テープの商品です。演奏家がアレンジしたり、作曲家が作曲したりするとき、楽譜の余白などに五線を手で書こうとするととても大変です。この「五楽線」ですと、楽譜の余白に貼ればそこに五線ができる。すぐに剝がせるので、別のところにまた貼れる。それに、楽譜というのは完成されていないものが多いため、ミスプリントがあります。そのときに五線の真上に「五楽線」を貼って、本当の音を書いたり、ハモりのパートを書いたりすることもできます。

「五楽線」は6種類あります。最初に作ったものはテープ幅が12ミリ（五線幅は6ミリ）のものでした。世の中にある楽譜の6割が幅6ミリの五線紙です。次に、オーケストラをやっている人たちから「オケピットの中だと、12ミリは少し見づらいんだよね」という声があったので、15ミリ幅の「五楽線」を作りました。これが一番売れています。その後、「いちいち切るのが面倒なんだよね」という声を聞いて、シールタイプを開発しました。これは五線ノートに貼れば、1段分の五線をつくることができます。これが3つ目の商品でした。さらに、海外からの要望に応えて、12ミリと15ミリの商品の英語版を作り、現在、11カ国で販売しています。最後に、20ミリを出しました。これは高齢者と子ども向けの商品です。最近、大人の音楽教室が流行っていて、その需要に応えました。子どもを教える音楽教室の先生にも人気です。

販売数は8年で13万個を超えました。売り上げは毎年伸びています。「五楽線」を1回使うとクセになるようで、皆さんリピート購入してくださいます。

アイデア勝負の商品で売上と印税は入ってくる

「楽譜面ＢＯＯＫ」という商品の開発・販売も行っています。音楽家の悩みは、譜面台にパート譜を広げたときに、足が譜面台に当たったりして、譜面台が倒れることです。すると譜面も落ちてばらばらになって、曲順もめちゃくちゃになります。また、譜面台の真上に空調があると、空調からの風で譜面が何回も落ちてしまいます。譜面が落ちて、コンサートが中断することもたびたびあります。

私はこれをなんとかしたいと思って、「楽譜面ＢＯＯＫ」を作りました。Ａ３用紙のパート譜をファイルのビニール部分に挟み込んで固定して使うのですが、ファイルの内側はビニールがないので自由に書き込みができます。このファイルだと、パート譜の取り外しや入れ替えも簡単です。静電気で留めているので落ちることがありません。逆さまにして、振っても落ちません。

この商品が評判となって、ヤマハミュージックリテイリングから譜面用ファイルのオリジナルブランドをつくりたいという相談を受けました。そこで、アリアとヤマハミュージックリテイリングが共同で「OTOFILE」というＡ４用紙専用のファイルを作りました。ヤマハの委託を受けてうちの会社が開発し、トッパン・フォームズで製造し、ヤマハミュージックが販売しています。リングタイプとバインダータイプの２種類あって、これまでに数万冊が売れています。

開発費用は結構かかりましたが、商品として出来上がってしまえば、後は利益を生んでくれます。「五楽線」や「楽譜面ＢＯＯＫ」は、私がこういう商品があったら便利だなと思ったことをきっかけに生まれました。自分のアイデアを商品化すると、毎月、売り上げが入って来ます。

記憶と心に残る演奏家になるための教育・指導

コンサルティング事業も行っています。神戸に「コンチェルト」という600人乗りの音楽クルーズ船があるのですが、船内にある4つのレストランにはピアノが常設されていて、クラシック音楽などの生演奏を聞きながら食事を楽しむことができます。この音楽クルーズ船で、生演奏を行う演奏家たちの教育を中心としたコンサルティングを弊社が担当していました。

具体的には、選曲や演奏家のトーク、お客さまの対応・マナーなどを指導しています。演奏家というのは、舞台に立ったときにはきれいな姿なのですが、会場にやってくる時の姿がジーパンとTシャツだったりします。意外とそういう感性を持っている演奏家が多いもので、演奏する前に客前でガサガサやっていたりします。演奏家は気付いていないのですが、お客さまは演奏家のそういう姿を見ています。身だしなみや立ち居振る舞い、挨拶といった基本的なことも教えています。私としては、お客さまの記憶と心に残る演奏家を目指してほしいのです。2年間かけて30

名以上の演奏家の教育・指導を行い、現在、音楽クルーズ船は売り上げを伸ばしているようです。

音楽家として成功するために必要なこと

音楽家は実力があって当たり前です。音楽家として成功するとなると、実力以外のことが求められます。それは、「一般常識があること」、「まめであること」、「サービス精神が旺盛であること」、「人脈があること」、「初見力があって、コードを読めること」の五つです。

まず、音楽家には一般常識が必要です。一般常識とは、時間を守る、身なり・態度がきちんとしている、連絡に対して返信がある、レスが早い、正しく名刺を交換できるなど、一般的なビジネスマナーや礼儀作法のことです。基本的に、音楽家はこれら一般常識のない人間が多いです。そして、音楽大学を出た人間に対する社会の目は厳しい。ピアノだけをやってきた「ピアノばか」や、バイオリンだけをやってきた「バイオリンばか」とレッテルを貼られ、「音楽以外のことは何もできない、一般常識のない音大卒の残念な人」と見られています。だからこそ、音楽家は一般常識を身に付けて、音大卒であることを逆手に取るべきだと思います。音楽家が常識的な振る舞いをすると、「音大卒なのに、ここまで分かっているんだ」と高い評価を得られます。普通の人たちと比べて、音楽家はマイナス評価からスタートしているので、常識的な振る舞いができれば想像以上に印象が良くなります。

2つ目は、まめであることです。自分の近況報告などの連絡をまめにしてくる人、仕事が終わった後にお礼の連絡をしてくる人、パート譜などをまめにまとめている人と、まめかどうかで人の対応は変わってきます。まめであることは、きちんとしたコミュニケーションをとれるということです。ですから、私が演奏家に仕事を依頼する基準は、この人はまめに連絡をしてくれるか、コミュニケーション能力が高いか、1人で現場を任せても大丈夫かが基準になります。

3つ目は、サービス精神が旺盛であることです。コンサートでアンコールが来たときに、あからさまに嫌な顔をしたり、早く帰りたいというオーラを出したりする演奏家がたまにいます。アンコールが続けば、2曲でも3曲でも弾いてあげようという演奏家の気持ちは、お客さまに伝わります。こういうサービス精神が旺盛な演奏家は成功しています。

4つ目は、人脈です。自分には「人脈がない」と嘆く音楽家は多いです。それは、自分と同じ音楽家たちとばかりつるんでいるからです。音楽家仲間は自分のお客さまにならないことが多いです。音楽家は、音楽家以外の人たちと交流を持たなければいけません。音楽家以外の人たちが自分のお客さまになるのですから。そして、待っているだけでは、仕事もお客さまも来ません。自分で人脈を築こうと努力する音楽家が成功すると私は思います。

最後は、音楽的なことですが、初見力があって、コードを読めることです。一般的な音楽大学では、コード譜を勉強することはまずありませんが、コードを読めると、仕事の数は格段に増えます。初見が利くこと、コードを読めることに加えて、幅広いジャンルに対応できる人は、さらにもらえる報酬額が違います。「私はクラシックの音大を出ましたので、ジャズは全く弾けませんが、何か?」みたいな人がいますが、ポップスも、ミュージカルも、ハワイアンも弾けた方がいいですよ。演奏できる音楽ジャンルの幅が広いと、依頼される仕事の数が全く違ってきます。

音楽レ・クリエーションを通じた健康維持・介護予防・認知症予防

今、高齢者の数が増えているのですが、2025年になると65歳以上の高齢者の全人口に占める割合は30パーセントを超えます。3人に1人が高齢者になります。その中で認知症患者は730万人、予備軍の580万人を合わせると、1300万人にものぼると推定されています。要するに、高齢者の中でも、3分の1は認知症患者か、認知症予備軍になるということです。

でも、認知症は予防できます。それも音楽で予防できるのです。脳と音楽は密接な関わりがあります。音楽を歌っているときの脳内はものすごい血流量と電気信号が走っています。書いたり、黙読したり、音読したり、計算しているときと比べると、歌っているときの血流量というのは圧倒的に多いのです。歌うって素晴らしいことなのです。嫌なことがあって、歌うとすっきりするのは、こういうメカニズムだからなんです。音楽にはすごい力があります。

そこで、私は、介護・認知症・健康増進のための音楽事業を行いたいと考えて、社団法人日本レ・クリエーション指導協会を設立しました。具体的には、音楽の効果を活用した健康維持・介護予防・認知症予防の手法と、体操をしながら歌を歌う音楽ケア体操などのメソッドを組み合わせた音楽レ・クリエーション・プログラムを広く人々に伝えて、それらを効果的に活用してもらうための活動をしています。また、音楽やリズムの効果に関する知識や技能を持った音楽レ・クリエーション指導士を育成しています。

現在、音楽レ・クリエーション指導士は１８００名になりました。将来的には、1万人の音楽レ・クリエーション指導師を育成したいと考えています。音楽レ・クリエーションを通じて認知症を予防し、健康寿命を延ばすことで、社会に貢献したいと思います。

アリアの経営理念

「音楽をもっと社会に広める、音楽家の活躍の場をつくる、音楽を通して人の役に立つ、音楽で人を笑顔にする、明るい未来を創造する」。これがアリアの経営理念です。実は、アリアの創業当初、きちんとした経営理念がありませんでした。先ほどお話した、私が学んだ戦略行動塾の先生から、「自分よし・相手よし・社会よし」という近江商人の「三方よし」について、何度も聞かされていたんです。そこで、三方よしを念頭に置いて、「自分は何をやりたいんだろう」と考えたときに、自分は音楽で人を笑顔にしたり、元気にしたり、幸せにしたいと思いました。そして、自分の好きな音楽について考えていくと、音楽というのは、特にクラシック音楽は社会から閉ざされた世界に存在しているなと感じて、音楽をもっと社会に広めたいと思いました。

もう1つ、私は以前から、音楽家はどうしてこんなに食べていけないんだろう、音楽家が活躍できる場をどうにかして作ることができないかとずっと考えていました。こういった自分の頭にあることを、「音楽をもっと社会に広めて、音楽家をもっと知ってもらう。そうすると、音楽家の活躍の場が生まれて、人の役に立つことができる。活躍する音楽家が増えると、音楽で人を笑顔にする機会も増えて、明るい未来をつくることができる。」と考えながら整理していくと、自然とすぐに経営理念が出来ました。

起業したいと考えている人は、経営理念を作ったほうがいいと思います。経営理念がない会社は最終的につぶれてしまいます。「時代に乗って儲かるから起業する」ということだけではじめた会社は長続きしません。経営理念をしっかり持つと会社の方向性が見えてきます。そして、経営者としての判断を迫られている時、経営理念がしっかりしていれば、何を変えていけばいいのか、何を変えてはいけないのかが分かるようになります。

ミッションとバリューの重要性

経営理念では、特に、ミッション（使命）とバリュー（価値）が重要だと考えています。成功している経営者というのは自分の会社のミッションとバリューを明確に答えられます。アリアのミッションは、「音楽はこんなにいいものなのに、どうして世の中に音楽は少ないんだ、自分がもっと音楽を広めたい」という思いです。もう1つは、「優秀な音楽家はたくさんいるのに、音楽家はどうしてこんなに仕事がないのか。ならば、私が音楽家の活躍の場をつくりたい」という思いです。仕事をするのなら、音楽を通して人の役に立つことをしたいと私は思っています。

「何のために生まれて、何をして生きるのか。答えられないなんて、そんなのは嫌だ。」というのを聞いたことありませんか？　これはテレビアニメ『それいけ！　アンパンマン』の主題歌「アンパンマンのマーチ」の歌詞の一節です。私が起業を考えていたときに、この歌を聞いたのですが、私自身が何のために生まれて、何をして生きるのかを答えられない生き方というのは嫌だなと素直に思いました。アンパンマンの歌って、実は深い歌詞なのです。だから、私は「音楽をもっと社会に広める、音楽家の活躍の場をつくる、音楽を通して人の役に立つ、音楽で人を笑顔にする、明るい未来を創造する」ために生きていく、それが自分の使命だと気付きました。

バリュー（価値）も重要だと思います。会社が提供する価値というのは、1個つくればいいというものではありません。音楽の場合、お客さまの好みがそれぞれ違います。つまり、お客さまが求める価値はそれぞれ違うわけです。例えば、冒頭でお話したトヨタの高級車レクサスの出張コンサートの場合、参加者のほとんどが裕福な方々です。一方で、フォルクスワーゲンからファミリーのためのコンサートを依頼されたこともあります。富裕層とファミリー層とでは、求められる曲目もトークも異なります。ファミリーコンサートだと、それこそアンパンマンやディズニー、ジブリの曲を、サックスなどでステージ下に降りて子どもたちの所に駆け寄って演奏をしてくれるような演奏家がふさわしく、それが価値ある場面をつくることになるわけです。

お客さまそれぞれの価値に気付くか気付かないかで、通り一遍の簡単な仕事で終わってしまうか、それとも価値ある仕事になるか、大きく変わってきます。会社として、お客さまそれぞれの価値を考えながら仕事をすることが大事です。

異業種の経営者との交流からビジネスは生まれる

私は、音楽業界よりも異業界の方々との付き合いの方が多いです。昔から、異業種交流会にも積極的に参加してきましたから。異業種の方々との付き合いの方が、経営の学びは多いし、ビジネスのヒントにもつながります。先ほどお話しした、「五楽線」もそうですし、出張生演奏についてもそうです。異業種の方々との交流を通じて実現したビジネスはたくさんあります。

先日、ウエディング関連企業の社長と最近の結婚式事情について話をする機会があって、今は家族の絆を大切にする風潮になっているので、たくさんの人に見てもらう盛大な結婚式ではなく、家族だけのこぢんまりとした結婚式が流行っているという話を聞きました。「今の時代、人間は絆とか、身近な人とのつながりを求めているよね」という話をしつつ、「じゃあ、そういったこぢんまりとした結婚式にはどういう音楽が合うのか」という話になりました。身内だけの結婚式であれば、それほど生演奏にこだわる必要もないし、ピアノ１本だけでもいいし、ピアノを弾かなくて歌だけでもいいかもしれない。演奏した曲をＣＤにして、新郎新婦と両家のご両親のためにプレゼントするとかいいんじゃない。というように、異業種の方々とのちょっとした会話からビジネスのヒントが生まれて、そしてそのビジネスは簡単に実現できることがあります。異業種の経営者の方々とは、新規事業で一緒にコラボレーションできないかという話はよくしています。

過去に遭遇した困難な課題と対応

２０１１年の東日本大震災のとき、出張生演奏の向こう6カ月間の仕事が全てキャンセルになりました。自粛ムードだったり、経済の先行き不安によるイベントの中止・廃止です。衣食住に関係のない音楽や芸術というのは真っ先に予算を削られます。また、会社の主力商品である「五楽線」を作っていた会社がたまたま福島にあって、震災によって工場が倒産してしまいました。そこで人脈を使って、「五楽線」を製造できる工場を探して、商品の製造を再開できるようにしました。音楽演奏の仕事は全部なくなってしまいましたが、「五楽線」などの商品があったので、それらの商品の売上収入で会社の経営がかなり支えられました。

しかし、社員がいましたので、彼らの給料を支払わなければなりません。会社の貯金も底を突きそうなときに、銀行に借入をお願いしました。返済まで時間がかかりましたが、銀行からの借入金があったからこそ、なんとか会社倒産の危機を脱することができました。やはり銀行も会社組織じゃないと貸してくれません。銀行でのお金の借り入れや、「五楽線」の製造工場の件もそうですが、どこにどう話し、誰に何を頼むか、そして人脈はとても重要になってきます。

起業家に必要なこと

自分では成功したと思っていません。でも、大成功と言えないけれども、小さな成功はたくさんしてきました。これは私が諦めないでチャレンジし続けてきたからです。起業家として成功したい人は、とにかく諦めないでチャレンジし続ければ、必ず成功します。

「14年も会社がよく持っていますね、長く続ける秘訣は何ですか」と聞かれます。創業から10年経って残った会社は10パーセント以下だと言われていますから、会社を継続することは簡単なことではありません。でも、会社を長く続ける秘訣はあります。諦めないことです。私の会社もリーマンショックがあったり、東日本大震災が起こったり、社会的な事件や出来事を含めて、いろいろな問題に直面してきました。でも、「もう無理だ」と諦めたら、そこで終わってしまいます。会社を続けられなくて止めてしまうのは、結局、諦めたからです。ですから、諦めなければ、会社は続けられるんです。

会社を続ける方法はいくらでもあります。会社を経営する資金が足りないのなら資金調達すればいいし、人件費が重荷だったら1人で会社をやればいいんです。失敗しても、うまくいかなくても、諦めないで何度もチャレンジしていくと、未来は開けます。大きな成功に至らなくても、何かしらの気付きがあったり、良い出会いがあったりします。だから、諦めないというのは大事です。

もう1つ大事にしていることは自分よりレベルの高い人と付き合うことです。それは、自分が尊敬できる人かもしれないし、一緒にいてやる気が湧く人かもしれません。自分が知らないことを教えくれる人や、自分の発想にはない考え方をする人もそうです。そして、夢を持っていたり、志の高い人も、私が言うレベルの高い人に含まれます。

類は友を呼ぶと言いますが、本当にそのとおりで、愚痴を言う人がいると、その人の周りには愚痴を言う人しか集まりません。でも、夢をもっている人、志の高い人の周りには、夢を持った志の高い人たちが集まります。「私、絶対に1000億円稼ぐように頑張る」と言っている人の周りには、最初は「何バカなことを言ってるんだよ」と言いながらも、「じゃあ俺は年商15億円くらいを目指そうかな」と言ったりする人がいます。「じゃあ、10年後にみんなでお金を出し合って、海外旅行でも行こうよ」とか、「何言ってんだよ。そのくらい俺が全部出してやるよ」みたいになっていきます。最初は妄想でもいいのです。そういう夢のある人たちが集まるところにいると、前向きになります。

具体的な行動を口に出すことも心がけています。普段から「私はこうしたいんです」と口に出していると、誰かがそれを覚えていて、「ねえ、こういう勉強会あるけど来てみない」とか、「これをやりたいと言っていたよね。よかったら、一緒にやらない」とチャンスが巡ってきます。自分がやりたいと思っていることは口に出さないと誰も気付いてくれません。『叶う』という字は、口に十と書きます。物事は十回口に出してようやく叶うというわけです。とにかく口に出すというのは大事です。あとは思い立ったら、すぐに行動する。時間は永遠ではないのですから。

適切な目標を決めることも大事です。適切な目標というのは、無謀な目標ではなく、手の届きそうな目標ということです。もう少し頑張ったら達成できそうな目標を設定して、それをクリアしていったほうが自分の自信につながります。「いつかソフトバンクみたいな大きな会社にしてやるぞ」という目標よりも、「まずは会社をしっかり経営して、30人の社員を幸せにするぞ」という目標の方が現実的です。やはり成功体験が大事です。成功体験のおかげで、何か困難に直面したとしても、「あのとき、自分はできたじゃないか。だから今回も大丈夫」と思える自信を付けるためには、無謀で大きな目標ではなく、少し頑張ったらできそうな目標を設定するといいと思います。

最後は感謝を忘れないということですね。ただ感謝の気持ちを思うだけでなく、その感謝を相手に意識的に伝えると、物事はうまく運んでいきます。

若者の起業やビジネスを支援したい

音楽で起業する若者は少ないですね。音楽とは異なる業種、例えば、エステなどの分野でどうすれば起業できますかといった相談を受けることはありますが、音楽での起業の相談は少ないです。本当は、若い人に音楽で起業してもらって、一緒に提携しようと言いたいのですが、なかなかそういう人も機会もないですね。

これまでの私は、経験のある目上の方々とばかり接してきたので、後輩と一緒に飲みに行くとか、そういった機会を積極的に作ってきませんでした。でも、今は若い起業家をサポートしたいと考えています。

私は、いろいろな人から支援してもらって今があります。本当に返せないくらい、サポートしてもらっていることがたくさんあります。そのような目上のお世話になった方々に「どうやって恩返しすればよろしいですか」と聞くと、たいてい皆さんは「いや、僕に返さなくたっていい。そう思うんだったら、昔のあなたと同じように悩んだり迷ったりしている人をサポートしてあげなさい」と言われます。だから、相談に来る方に対しては、私のこれまでの経験を伝えるなど、できる限りのことをしたいと思います。

1枚の名刺とチラシから起業できる

「自分は起業に向いてない」、「自分に起業はできない」と思っている人もいるかもしれません。でも、起業というのは、やれるかやれないかではなくて、やるかやらないかです。起業すると決まったら、絶対にやれます。あなたが世の中に足りないものに気付いたとしたら、それが起業をスタートさせるときです。私の「五楽線」のときもそうでした。「こんな五線テープがあったらいいのにな」

という、世の中にないものに気付いたからこそ商品化できました。今では、その商品も数千万円の売り上げになっていますから。

もう一つ伝えたいことは、起業というのは小さな1歩からできるということです。名刺1枚と、A4用紙1枚に自分がやりたいことをまとめたチラシのようなもの、これさえあれば起業はできます。ホームページや営業の方法なんて、後から考えられることです。1枚の名刺と自分のやりたいことをまとめた手作りチラシがあれば大丈夫です。みなさんもぜひ起業してみてください。

6

稲毛　謙介

株式会社テンペストスタジオ
創業者・代表取締役

稲毛 謙介（いなげ けんすけ）

株式会社テンペストスタジオ創業者、代表取締役。作編曲家。４歳からピアノを、１４歳から作曲を始め、２００１年尚美学園大学芸術情報学部へ進学。作曲を冨田勲氏、コンピュータ音楽を古山俊一氏に師事する。大学卒業後、株式会社コーエー（現在のコーエーテクモゲームス）に入社。『戦国無双シリーズ』をはじめとする数々の大ヒットタイトルの音楽を担当し、多くのファンを獲得する。２０１１年、同社を退職しフリーランスへ転向。２０１４年には、自身の活動の拠点として株式会社テンペストスタジオを設立。ゲーム音楽や劇伴音楽、キャラクターソング制作、メジャーアーティストへの楽曲提供など、活躍の幅を広げている。また、昨今は音楽家のためのオンラインサロン「#ワクラボ」を立ち上げ、作曲家・ミュージシャンの独立支援にも精力的に取り組んでいる。

『機動戦士Vガンダム』の劇伴音楽に感銘をうけ作曲をはじめる

実は僕、とんでもない運動オンチで、いまだに運動は大の苦手です。幼稚園児のころ、庭で遊んでいた僕は勢い余って転んでしまいました。そんなとき、普通の子なら反射的に手をつくところ、あろうことか僕は、顔面から地面へ突っ込んでしまったらしいんです。それを見た母親が、「きっとこの子は運動で苦労することになるだろうから、ほかの特技をみつけてやらないと……。」そう考え、ヤマハ音楽教室に通わせてくれたそうです。最初は幼児科からスタートし、小学校からはエレクトーンに転向、中学2年生までずっと続けていました。また、小学校高学年から高校卒業までの約8年間は、吹奏楽部で毎日部活に明け暮れていました。高校時代にはバンド活動もやりましたね。この頃になると、本当に音楽漬けの毎日。運動オンチがきっかけではじめた音楽でしたが、ずっと止めずに続けていたということは、やはり音楽が大好きだったんでしょうね。

そうそう、作曲を始めたきっかけもちょっと意外です。作曲に興味を持ちはじめたのは小学校5年生のころ。きっかけは、当時ハマりにハマっていた『機動戦士Vガンダム』でした。小学生が見るにはちょっと過激で重苦しいストーリーだったんですが、その作品の世界観、登場人物、そして何より劇伴音楽（サントラ）が最高だったんです。それまでのガンダムの劇伴といえば、フュージョンやバンドサウンド寄りのものが多かったんですが、Vガンダムのサウンドトラックは全編フルオーケストラ。当時からクラシック音楽が大好きだった僕は、千住明先生が手がけるそのサウンドにものすごく感銘を受けたんです。その年のクリスマスプレゼントは、父にねだってVガンダムのサウンドトラックを買ってもらいました。それからは毎日のようにCDを聞いては、その音楽がどうやって出来ているのかを知りたくて、耳コピしては楽譜に書き起こすということを繰り返していくうちに、「自分もこんな音楽が作りたい！」と思うようになっていきました。そこから作曲に目覚めて、拙いながらも少しずつ作曲を始めていきました。

作曲家になろうと心に決めたのは中学2年生の時です。毎日音楽に向き合う中で、ある種の勘違いスイッチが入りまして、「オレは天才なんじゃないか？」と思うようになりました。その頃から、「オレは作曲で飯を食っていくぞ！」と本気で考えるようになりましたね。当時から千住明さんは憧れの人で、クラシックや劇伴音楽にはずっと興味がありましたが、一方で、中学、高校とバンドでロックをやっていたこともあって、ポピュラー音楽も大量に聴きあさるようになりました。特にX JAPANさんが大好きで、YOSHIKIさんに憧れて、歌モノもたくさん作っていました。

音楽大学で作曲を学ぶ

大学は尚美学園大学芸術情報学部の音楽表現学科に進学しました。尚美を選んだのは、教授に富田勲先生[1]がいたというのが大きかったのですが、同時に、尚美には特待生として入学することができたので、学費の面でも助かりました。学生時代はずっと冨田先生のレッスンを受けていましたが、大学3年生のときにMax/MSPというプログラムに出会って、それにのめり込んだ時期もありました。コンピュータを使った斬新な表現手法を追求したくなって、尚美卒業後は海外留学をして、コンピュータ音楽の研究をするのもいいなぁなどと考えた時期もありましたね。でも、結局中学2年生のときに決めた作曲家への夢はぶれず、卒業後すぐにプロ作曲家として活動することを改めて決心します。

しかしながら、実際問題として大学を卒業してすぐにフリーランスの作曲家として生きていくのは現実的に厳しいと感じていました。当時の自分には、音楽的な実力も、知名度も、キャリアもない。そんな自分が、いきなり世間に飛び出して成功できるほど、世の中は甘くはないことも知っていました。そこで、いったん就職をして、サラリーマン・クリエイターとして生きる道を選びました。地道な就職活動の結果、ありがたいことに大手ゲームメーカーのコーエー（現在のコーエーテクモゲームス）にサウンドクリエイターとして入社することが出来ました。

コーエーに入社し、人気ゲーム『戦国無双』シリーズの作曲家に

コーエーに入社してすぐ、『ジーワン ジョッキー 4』という競馬ゲームの作曲を任せてもらえるようになりました。コーエーは新人でもすぐに作曲を任せてくれる会社で、作曲家を目指していた僕にとっては本当に恵まれた会社でしたね。

コーエーのサウンドクリエイターの仕事は、作曲のほかに効果音制作や音声編集といった、ゲームの音にまつわる作業すべてを担当します。これらの作業は、ある程度経験を積んでノウハウを身に付ける必要がありますが、作曲に関してはすでに音大で勉強していたこともあって、すぐに実戦投入をしてもらえたという形です。

入社1年目のころは、『ジーワン ジョッキー 4』の作曲作業と平行して、当時開発中だった『戦国無双2』の効果音や音声編集なども担当させてもらい、ゲームサウンドの制作に必要なスキルやノウハウを身に付けていきました。慣れない仕事に四苦八苦しながらも、先輩たちのおかげで少しずつ仕事を覚えていくことが出来ました。

そんな『戦国無双2』が無事発売され、ホッと一息というタイミングで、当時の上司からかけてもらったひとことがきっかけで、人生に大きな転機が訪れます。その一言とは、「次の戦国無双、

稲毛君にメインで曲を書いてもらいたいんだけど」という、なんとも光栄なオファーでした。当時入社2年目になる直前のこと。突然の大抜擢に少し戸惑いましたが、期待して任せてくださった上司への恩に報いるべく、快諾させていただきました。

それからコーエーを退職するまでの間、ずっと『戦国無双』シリーズのメインコンポーザーとして制作に関わることになります。ちなみに、在職中僕が担当したのは、『戦国無双 KATANA』、『戦国無双2 Empires』、『戦国無双2 猛将伝』、『戦国無双3』、『戦国無双3 猛将伝』、『戦国無双 Chronicle』、『戦国無双3 Z』などのシリーズ全作ほか、『真・三國無双オンライン』、『真・三國無双5』、『無双 OROCHI』、『無双 OROCHI 魔王再臨』、『ガンダム無双』などなどで、たくさんの無双シリーズに関わらせていただきました。

また、『戦国無双』シリーズ以外にも、競馬系ゲームの『Winning Post World』や『FabStyle』といったシミュレーションゲーム、ほかには『雀・三國無双』などのマージャンゲームなども担当させていただきました。コーエーには丸6年間在籍していましたが、社内では大きな仕事をたくさん任せてもらいました。ひとくちにサウンドクリエイターの仕事といっても、サウンド素材の制作だけなく、プロジェクトの制作進行や予算管理など、管理面の仕事もすごく重要です。僕の場合、音楽だけでなく、そういった管理面の能力に対しても高く評価いただいたのはありがたいことでした。音楽的な実力と、マネジメント、その双方の能力面を加味して大きな仕事をたくさん任せてもらえたのかなと、今では思います。

恵まれたサラリーマン生活に別れを告げて独立

僕は入社当時から、5年ほどキャリアを積んだら独立しようと考えていました。コーエーでは、会社の看板ゲームを任せてもらい、社内で自分の立場も確立できていて、ある程度自由に裁量を持って仕事ができる立場にいましたので、環境としてはかなり恵まれたサラリーマン生活だったと思います。現場の人間関係もよく、本当に居心地の良い会社でした。でも、僕の夢は自立した作曲家として食っていくこと。真の夢を叶えるためには、会社員という立場にあぐらをかいているわけにはいきませんでした。もともと、5年勤めたら会社を辞めるということは、親しい人たちに話していましたから、その通り2010年度いっぱいを持ってコーエーをやめる予定でした。しかし、いざ退職を切り出そうとした矢先、僕を戦国無双のコンポーザーに抜擢してくれた上司から、戦国無双の新作のサウンドディレクターを任されることになります。看板タイトルのコンポーザーとして自分を叩き上げてくれた上司への恩義として、最後にその仕事を全うしてから気持ちよく辞めよう。そう決めた僕は、結果的に丸6年勤め上げて、会社を退職しました。2011年のことでした。

恵まれたサラリーマン生活に別れを告げて、独立の道を選んだのは、やはり昔からの夢があったからです。大手ゲームメーカーに在籍していれば、食っていくのには困らないかもしれない。でも、それじゃあ自分が夢見た作曲家として生きているという実感が持てなかったんです。僕は、フリーの作曲家として、活躍している自分になりたかった。

また、会社というのは組織ですから、いい仕事をすればするほど、課長、部長と出世して、管理職になっていきます。どの会社もそうだと思いますが、管理職というのは現場の仕事ではなく、チームの統括がメインの仕事になるわけですから、どんどん作曲の仕事から遠のいてしまう。そうなると、なおのこと「作曲家として生きていきたい」という自分の思いとはかけ離れていくことになります。だから、20代での独立は必須だと考えていたわけですね。

作家事務所で厳しい現実に直面する

コーエー退社後は、ゲームだけでなく幅広い仕事に携わりたいと考えた僕は、Jポップ系の作家事務所に入り、作曲家としての活動をスタートさせます。完全フリーになるより、まずは事務所所属の方が仕事にありつけるチャンスが多いと考えたからです。しかしながら、現実は甘くなかった。事務所に入ったものの、全然食えなくて散々でした。

これは事務所あるあるだと思うんですが、僕が期待していた「事務所に入れば仕事にありつけるチャンスが多そう」という読みは、全くの幻想でした。音楽事務所には、アーティストや楽曲を売り込んでくれるイメージがあるかもしれませんが、事務所がやってくれるのは楽曲コンペの斡旋くらいで、精力的に作家を売り込んでくれるようなことはありませんでした。なので、コンペに採用されるか、自分で仕事を取ってくるか以外に、お金を得る手段がなかったんです。でも、当時の僕は世間知らずでした。営業の類はすべて事務所がやってくれると思い込み、自分の仕事は「とにかく良い曲を作ること！」と音楽ばかりやっていました。毎日毎日楽曲コンペに応募するだけ。それでは食えるようになるはずもありませんでした。

コンペというのは、例えばジャニーズさんやAKB48さんなどの大物アーティストが所属する大手音楽プロダクションの楽曲コンペになると毎回1千曲ぐらい集まるんです。その中から採用されるのはわずか1曲だけ。どんなに小規模なコンペでも数十曲は集まるし、1つのコンペに100曲、

200曲集まるというのはざらです。たった1曲の採用枠に何百、何千もの応募があるわけですから、もはや確率としてはまぐれ狙いのようなものです。

また、曲のクオリティが高いから採用されるわけでもないところがコンペの難しいところ。集まった楽曲の中から、たまたまその案件に一番合いそうな曲が通るんですね。だから、コンペは実力の有無というより、運の要素が非常に強い。コンペで生計を立てるとなると、数年単位で根気よく楽曲を書き、相当数のコンペに参加し続けなければなりません。

僕は、ひたすらコンペに応募する生活を2年間過ごしました。その間、コンペで決まった楽曲はほんの数曲。仮にコンペで1曲決まったとしても、もらえるギャラはおよそ30万円程度、別途印税も入りますが、そちらはよほど楽曲がヒットしない限りはたかが知れています。なので、全然食っていけません。一応コンペ以外にもゲーム業界の伝手で仕事がいくつかありましたが、駆け出しの新人に頻繁に仕事の依頼が来ることはまれで、結局事務所に所属した初年度の売り上げはたったの120万円でした。どんなに切り詰めた生活をしたとしても、人ひとり生きるのに年間180万円ぐらいは必要ですから、当然大赤字。相当ひもじい生活をしていました。

一応コーエー時代の貯金と退職金がありましたが、それもあっという間に尽きてしまいました。

減り続ける貯金をみながら毎日恐怖に怯えていましたが、そのときの僕は、「今は耐え忍ぶ時期。頑張っていい曲をコンペに出し続けたら、いつか必ず日の目を見るときが来る！」と盲目的に信じ込んでいました。そうして迎えた2年目の売り上げも170万円と、前の年をわずかに上回った程度でした。

いい曲を書けるだけでは食べていけない

このままじゃ駄目だと思いました。そのとき僕は30歳で、当時付き合い始めた彼女（現在の妻）といずれ結婚したいと思うようになっていました。でも、たった170万円の収入では、結婚などできるはずもない。本気で、「どげんかせんといかん！」と思ったわけです。そこで僕は、なぜ自分は作曲家として食えないのかを真剣に考えました。脳みそから血が出るほど考えました。そして、僕は真理にたどりつきます。それは、作曲家として生きていくためには、「いい曲を書けるだけではダメ」ということです。

考えてみれば当たり前の話ですが、どんなに素晴らしい作品を書いたとしても、誰かがその作品を見つけてくれなければ、存在していないのと一緒。作曲家は、曲を知ってもらい、自分の存在を知ってもらい、仕事を依頼してもらって、ようやく食べていけるようになるんです。自分で売り込みもせず、自分が曲を書いていることすら発信せず、ただ黙々と曲を書いているだけで仕事が舞い込んでくるなんてことはほとんどありません。僕自身、事務所に所属していた2年間は、「いい曲を書いていたら誰かが見つけてくれる、そして、いつか必ず結果が出る」と、ただただ信じ込んでいましたが、それは大きな思い違いでした。

他人が自分を見つけてくれるかどうかは、自分にはコントロールできないこと。それをおろそかにしていたし、人任せにしていた。そうではなくて、自分からお客さんに見つけてもらうための努力をする必要がある。自分のことを知ってもらう、自分の作品を聴いてもらうための取り組みを真剣に考えなければならないんです。そして、そのために重要だったのが、マーケティングやマネジメントなど、ビジネスに関する知識や考え方なんです。

ビジネスを学んで独立起業へ

それからは、ビジネス書を読んだり、いろんなビジネスセミナーに参加したりして、マーケティングや営業、プロジェクト管理、チームマネジメントなど、ビジネスに関することを一生懸命勉強しました。また、その過程で優れた経営者のビジネスに対する考え方やマインドもたくさん学びました。それまでの僕は、自分の作品が売れることしか考えていなかった。でも、ビジネスの本質とは、自分の作品や仕事が社会にどう役に立つのか、自分は社会にどう貢献できるのか、その部分が肝要なのだと痛感しました。

ビジネスについて勉強をするようになってから、作曲家としての業績もどんどん良くなり、独立を考えるようになりました。事務所は相変わらずコンペを斡旋してくれるだけで、作家を売り込む気配は見られませんでしたので、いっそ事務所を辞めて、完全なフリーランスの作曲家としてすべて自分一人で再挑戦してみることにしたんです。

いわば背水の陣ではありましたが、彼女と結婚するために、逃げ場を閉ざして必死にやりました。学んだ営業のスキルを使って、あちこちに営業にも行きました。制作の仕事をこなしつつ、隙間時間を作ってはひと月で30社くらいは営業に出向いたものです。その結果、たくさんの会社から仕事を任せていただけるようになり、完全なフリーになってからの1年間で、売り上げはコーエー時代の最大年収を大きく上回る結果となりました。

ようやく作曲家として一丁前に生活できるようになり、悲願だった結婚もすることができました。次年度には株式会社テンペストスタジオとして法人化し、今では設立当初の20倍ぐらいの売り上げになっています。

企業理念：Realize Possibility

テンペストスタジオは「Realize Possibility」という企業理念を掲げています。日本語に訳すと「可能性を現実にしよう」という意味です。僕が、自分の会社や音楽活動を通して世の中に伝えたいこと、与えたい価値、それは、「人に夢を与えること」です。

音楽家というのは、作曲家であれ、アーティストであれ、たくさんの人に夢や希望を与える仕事だと考えています。僕自身、千住明さんに憧れて作曲家の道を志したように、音楽をやっている人は、誰しもが皆、あこがれのミュージシャンがいて、その人のようになりたいと思って音楽を始めていることと思います。だから僕自身も、プロの音楽家になったからには、人に夢を与える仕事をしたい。そして、大きな夢をかかげ、その実現のために必要な努力を積み重ねれば、かならず夢は実現するということを伝えていきたい。そういう思いで、「Realize Possibility」という企業理念にしました。

テンペストスタジオの企業理念には、「Realize Possibility」という標語のほかに、それを補足するものとして3つの副文があるのですが、その中でもとくに特徴的な一文があります。それは、「従業員ひとりひとりが、夢や憧れを与えるヒーローとして輝き、物心ともに豊かな人生を実現します。」というものです。僕の仲間たちはみな、そういう思いで日々音楽活動を頑張ってくれていますし、テンペストスタジオという会社の存在理由もそこにあります。僕自身、作曲家としての活動はもちろんですけど、現在取り組んでいるアーティスト活動やオンラインサロン運営などもひっくるめて、すべてこの理念を実現するために行っているものです。

USPとして「和風音楽プロダクション」を打ち出す

テンペストスタジオはUSP（Unique Selling Proposition）[2]として「和風音楽プロダクション」を打ち出していますが、開業当初からこのようなUSPを掲げていたわけではありません。会社を興して営業を頑張っていた時期は、「オールジャンル、トップクオリティで納品できます！」ということを強みとしてアピールしていたんです。でも、残念ながら「オールジャンル、トップクオリティ」では強みとしていまいちインパクトがなかったんですよね。もちろん、今でも「オールジャンル、トップクオリティで納品できる」ことに対しての自信はありますし、嘘偽りなく実践していることなんですが、実はこれってどの会社も言っていることだなってことに気付かされたんです。

テンペストスタジオを設立してすぐ、ある音楽会社に営業で訪れたとき、その会社のプロデューサーから「御社の一番のウリは何ですか？」と聞かれて、僕はすかさず、「オールジャンル、トップクオリティで納品できます！」と答えたんですね。すると、そのプロデューサーから「皆さん、そう言うんですよね。でも、実際にできるかどうかは分からないですし、それだと会社の特色が分からないんですよね」と、厳しめのフィードバックをいただきました。僕にとっては結構な衝撃でしたが、冷静になって考えてみるとなるほどなと思えることがあって、「オールジャンル、トップクオリティ」を打ち出すのを止めて、テンペストスタジオならではの強みや売りというものを考え直すことにしました。

それで、2015年の1年間、ジェイ・エイブラハムのマーケティング・セミナーに通ったんです。そのセミナーでは、マーケティングの原則や基本的な考え方、マーケティングに使える様々なノウハウなどを1年間かけてみっちりと勉強することで、自分の会社の強みや特徴を改めて見直すことができました。

そして、2016年の元旦から「和風音楽プロダクション」という新たな特色を打ち出すことにしたんです。おそらく、よさこい専門のプロダクションなどを除いて、どこも打ち出していないテンペストスタジオ独自のUSPだと自負しています。前述のとおり、僕は、コーエー時代、『戦国無双』シリーズの音楽を担当してきたわけですが、その過程で和楽器を用いた音楽制作やレコーディングを数多く経験してきました。

和楽器というのは、本当に制約の多い楽器で、制作においてもレコーディングにおいても扱いが非常に難しい楽器です。僕自身、最初は何度も失敗を繰り返しながら、ようやく和楽器を用いた作曲や録音技術を体得し、自信を持って扱うことができるようになりました。自分自身がこれだけ苦労して身につけてきた技術ですから、そうそう誰かにマネされるようなものでもありませんし、同様に取り扱いが分からずに悩んでいる企業さんやクリエイターさんも多い。ならば、「和楽器に強い」や「和風の音楽に強い」ことを打ち出すことは、たくさんの方々のニーズに応えることができる特徴的な強みになるのでは？　と思い、「和風音楽プロダクション」を打ち出すことに決めました。

この戦略は大成功でした。他のどのプロダクションも打ち出していないものですから、クライアントさんに和モノ案件が発生した際には優先的に任せてもらえるようになりましたし、それ以外にも意外な効力がありました。それは、「テンペストスタジオは和楽器が得意です」と打ち出すと、和モノ案件しか発注が来ないかというとそんなことなく、商業音楽で和楽器が必要な音楽となると、その実、純邦楽を求められることなどほぼなく、ロックに和楽器を入れたいとか、ダンスミュージックに和楽器を入れたいとか、オーケストラに和楽器を入れたい、という相談や仕事の方が圧倒的に多いんです。そうなると、結果的にいろんなジャンルの音楽を任せてもらえることになり、当初打ち出していた「オールジャンル、トップクオリティ」という強みも同時に生かせることになりました。和楽器を使った音楽を依頼してくれたメーカーさんも、最終的にクオリティの高い作品を納品すると、「テンペストスタジオはどの音楽ジャンルをやらせてもちゃんとできるな」ということを理解してくれて、今では和楽器だけじゃない様々なジャンルの仕事の依頼をいただけるようになっています。やっぱり、何かに突出するって大事ですね。

作家マネジメントに対する考え方

テンペストスタジオは、僕の他にも、たくさんの作曲家や演奏家と契約・提携していて、彼らに作曲や演奏の仕事を依頼して、その進行管理をするなどのマネジメント業務を行っています。

プロダクションの経営者として、クライアントに対してクオリティを担保することは絶対に必要なことだと考えています。その一方で、経験の少ない作曲家も所属しているので、そういった作家たちに仕事を覚えてもらって経験を積んでもらうことも重要視しています。しかしながら、経験の少ない作家たちには失敗やトラブルがつきものです。だから、経験の少ないメンバーに仕事を任せつつも、クライアントが求める最低限のクオリティを確保するために、彼らの失敗やトラブルをすべて会社で吸収できるようなバックアップ体制を取っています。このことは作家のマネジメント会社として重要なポイントだと思います。

うちに所属している作家は、専属の作家も専属でない作家もいます。専属か専属でないかで会社と作家の取り分は変わってきますし、作家個々の実績や経験によって報酬額も変わってきます。案件ごとに見積もりを出して、それを基に作家と話をして仕事量や報酬額を決めています。

会社を創業した当初はあちこちの会社に営業に行っていましたが、最近では多くのクライアントの方々とも顔見知りになり、コンスタントに仕事の依頼をいただくようになったため、ほとんど営業らしい営業はしていません。ただ、うちに所属している若手の作家はまだまだ実績や信用がありませんから、彼らのことを知っていただく必要はあります。年に一度、ゲーム業界関係者が一堂に集まるCEDEC(Computer Entertainment Developers Conference)というイベントがあるのですが、イベント終了後のパーティーに若手作家たちを連れていって業界のみなさまを紹介したり、勉強会を開いて営業の考え方、技術をレクチャーしています。その結果、めでたく彼らの仕事につながった場合、個人の営業実績で獲得した案件に関しては、うちの会社を通す必要やメリットがあるものに関しては通してもらい、その必要がないものはクライアントと作家の間で直接取引してもらっています。テンペストスタジオは法人ですから作家個人と比べて社会的信用がありますし、ゲーム業界でのブランドもあります。こういったメリットを生かした方がやりやすい仕事であれば、テンペストを通じた取引にしてもらっています。

音楽家が成功するために必要な3つの条件

音楽家が成功するためには、「クリエーション」、「マーケティング」、「マネジメント」の3つが必要だと考えています。つまり、「作る」、「売る」、「管理する」です。この3つが揃っていないと、どんな事業もうまくいきません。

例えば、ポテトチップスというスナック菓子があるじゃないですか。ポテトチップスは工場で作っている人の力だけでは、われわれの手元にまで商品が届きません。工場でポテトチップスを作っている人だけではなく、ポテトチップスを宣伝し、われわれの手元にまで届けてくれる人がいて、その流れを管理している人がいる。つまり、作って、売って、管理する人がいるからこそ、われわれはポテトチップスを手に入れることができるんです。

音楽も同じです。音楽家が成功するためには、作って、売って、管理することが必要です。お菓子メーカーのような大量の人材を抱えた企業ならまだしも、フリーランスの個人事業主の場合、この3つをたった一人でやらなければなりません。ですから、作曲家としていくためには、「作る」だけでなく、マーケティングとマネジメントをしっかり学んで、実践しなければいけないわけです。しかし、音楽家の多くは、「クリエーション」には熱心ですが、「マーケティング」と「マネジメント」に無関心な人が多いです。

僕も学生時代は「クリエーション」ばかりでした。コーエー時代は、サウンドクリエイターとして、ゲームサウンドの制作とゲーム全体の制作を管理するマネジメント業務をやっていたので、「作る」、「売る」、「管理する」のうち、「作る」と「管理する」については、ある程度経験を積むことができました。ただ、「売る」ということに関してだけは全く経験がなかったわけです。会社に所属していると、ゲームの開発部門からサウンドチームに自動的に発注が来るわけですから、自分自身が楽曲を「売る」必要はないわけです。でも、会社の外に出ればそうはいかない。ゲーム音楽や劇伴音楽、キャラクターソングを欲しがっている人や会社に発注してもらうためには、自分がそういう音楽を作曲したり制作したりしているということを相手に知ってもらわなければならないんですね。僕はコーエー時代、「作る」と「管理する」しか経験せず、マーケティング（売る）というビジネスにおいてとても重要な技術を身に付けないまま外に出てしまったので苦労したというわけです。

マーケティングの重要性

実際のところ、仕事の依頼がたくさん来る作曲家が、必ずしも音楽能力の高い作曲家であるというわけではありません。作曲の仕事は、音楽能力の高さや低さだけで依頼されるわけではないんです。世の中には、音楽能力が高くても仕事がなくて食べいけない人がたくさんいます。反対に、音楽能力はそれほど高くなくても、作曲家として大活躍している人もたくさんいるんです。そもそも、音楽制作の能力や技術というのは、プロとしては当たり前に必要なものです。だから、音楽制作の能力や技術の高低を議論すること自体間違っているとも言えます。プロであれば、音楽能力は高いのが当たり前。だから、本当に売れているかどうかというのは、音楽能力の高さや低さとは全く無関係なんですね。

一方で、これがないと絶対に仕事の依頼が来ないというものがあります。それは「認知」です。その作曲家や音楽がどれだけ多くの人に認知されているか。当たり前の話ですが、その作曲家が仕事を任せるに値する人間であるかどうかを、仕事を任せる側の人間が知っていないと仕事には繋がらないですよね。だから、作曲家の音楽能力が高いか低いかはさておき、その作曲家が知られていない限りは絶対に、仕事の依頼は来ないわけです。どんなに音楽能力が高かったとしても。

逆に言うと、音楽能力はそれほど高くなかったとしても、過去に大きな実績を作ったような有名作家さんだったら多くの依頼が来ることが多いです。往年のゲーム音楽作家さんたちは、もともとバンドマンであったり、趣味の延長線上でゲーム音楽を作りはじめたりした方々も案外多くいらっしゃいます。現在、業界の大御所として君臨されているみなさまでも、必ずしも音楽能力がずば抜けて高いかというと、決してそうではないこともあったりするのが面白いところ。世の中には音楽能力の高い作曲家というのはたくさんいますが、仕事の依頼につながるかどうかは、音楽能力以外の部分、特にどれだけ多くの人に認知されているか、もっというとどれだけ多くのファンを持っているかということの方が重要なわけですね。

ですから、自分が何者であるのか、どんな音楽を作っているのか、どういうサービスをやっているのか、ということをクライアントやお客さんに知ってもらう、興味を持ってもらう、求めてもらう、買ってもらう、そして最終的にファンになってもらうことが大事なんです。多くの人に認知してもらい、信用を築き、ファンを作ることでたくさんの仕事の依頼が舞い込むようになります。クライアントやお客さんに知ってもらうことから、最終的に自分のファンになってもらうまでの一連の流れを科学的に検証し、それを体系化して実践できるノウハウにまで落とし込んだものがマーケティングです。

美しく響く音楽や美しい旋律の交差を体系化して学問にしたものが和声学であったり、対位法であったりします。和声や対位法などの音楽理論と同じで、クライアントやお客さんに自分の音楽を届けるまでの理論や概念を体系化してまとめたものがマーケティング理論ということ。作曲には音楽理論が必要なのと同じで、ビジネスにはマーケティングや経営に関する理論が必要なんですね。だから、作曲家として、ミュージシャンとして活躍したいなら、ビジネス理論をしっかり学んで、自分の活動に生かすのが最大の近道です。

モノ、情報の時代を経て、消費者は体験を消費する

今、CDに代わって、Apple Music（アップルミュージック）やSpotify（スポティファイ）など

のサブスクリプションサービス（月額課金制の定額聴き放題）が主流になってきました。Amazon（アマゾン）のAlexa（アレクサ）のようなスマートスピーカーもだいぶ普及してきて、「Alexa、音楽かけて」なんて言うだけで、そのときのシチュエーションに一番合った音楽を流してくれる時代です。便利になった一方、サブスクリプションやスマートスピーカーが浸透するにつれて、自ら音楽を選択して聞くという機会がだいぶ減ってきたように感じます。

クリエイターの収入に関しても大きな変化が訪れています。昔なら、CDが一枚売れたら、CDの何パーセントかの印税が入ってきましたが、今はその様子も変わってきました。パッケージではなくて、定額制聴き放題になってくると、売上ではなく再生回数で分配されることになります。あるサブスクリプションサービスの場合、1曲が1回再生されるごとに、原盤を持っている権利者に1円入る仕組みだそうです。原盤権を持っているのが大手レコード会社だとしたら、レコード会社に1円入るというわけですね。

では、原盤権を持っていないけど、作曲家として著作権をもっている人にはどれぐらいの印税が入るかというと、0.1円ほど。なかなかに衝撃的な数字ですね。ストリーミング再生による収入だけで生きていこうと考えた場合、例えば人が生活できる毎月の生活費が最低15万円だとしたら、150万回再生されないと15万円に到達しないわけです。150万回の再生って、AKB48さんのような有名アーティストは別かもしれませんが、一般的なアーティストにとってあまり現実的じゃない気がします。

このサブスクリプションサービスが普及していくことによって、アーティストやクリエイターの取り分はかなり減少していくことが予想されます。胴元であるAppleやAmazon、原盤を保有しているレコード会社などは儲かりますが、肝心のアーティストやクリエイターは全然儲からない可能性があるということです。とはいえ、音楽のサブスクリプション自体まだ始まったばかりのサービスですから、今後もう少し改善されていく可能性は大いにあります。

このように、テクノロジーの進歩やサービスの変遷によってアーティストやクリエイターを取り巻く環境は刻々と変化していきますから、我々ミュージシャンは世の中のニーズの変化をしっかりとらえていかなければならないわけです。そもそも、時代によって消費者のニーズは変化してきました。CDが飛ぶように売れていた時代は、CDという「モノ」に価値があった時代です。モノを手に入れることが喜びだった時代といってもいいでしょう。戦後の高度経済成長を経て、昭和の時代、人はモノを所有することに喜びを感じていたわけです。

しかし、今の時代、あまりモノに執着しない人たちが多くなっています。若者だけじゃなく、僕のような30代もそういう人たちが増えてきました。モノを所有することにあまり興味をもたないミニマリストと呼ばれる人たちも登場しました。モノの時代が終わって、平成に入ったあたりから、情報を持っていることに価値のある時代が来ました。特に２０００年代以降は、情報や広告に関するビジネスが流行りました。モノから情報へと価値が移行したわけです。

さらに今、もはや情報すら価値のない時代になっています。モノや情報などのコンテンツではなく、「体験」や「承認」、「自己実現」といった、精神的充足に関するものにこそ価値が置かれる時代になりました。分かりやすい例をあげれば、パンケーキを食べたり、タピオカを飲んだり、海外旅行に行ったり。今の人たちは、自分の人生を充実したものにするためにこそお金を使うようになっているんです。人生がバエ（映え）るものにこそ価値を見出していると言っても良いかもしれません。

今までモノや情報に対してお金を払っていたのが、自分の人生がバエる体験であったり、学びであったりにお金を払うようになった。それは、コンテンツ発信者側ではなく、より消費者が主役になっているともいえます。今までの音楽ビジネスの主役はアーティストでしたが、これからは逆。消費者が体験したり、学んだりすることが商品になっていくので、主役はどんどん消費者へと移っていくと思います。だから、ＣＤにしても、音楽配信にしても、コンテンツそのものをマネタイズするのではなく、もっと別な方法で収入を作っていくのが時代にマッチしていて良いと考えています。

AIの登場によって作曲家の仕事も減少する

職業作曲家という仕事はこれから厳しくなっていくと思います。今現在は、スマホの普及によるアプリ市場の拡大によって、音楽素材が必要な案件自体は増えています。しかし、その中で、オーダーメイドでクオリティの高い作品を求めるアプリというのは、そこまで多くはありません。フリー素材で十分だと考えているアプリメーカーさんも少なくありません。

そんな中、これから先、AIが曲を作るようになっていきます。AIが安価でオーダーメイドの作品を作ってくれるようになると、フリー素材で十分だと思っているメーカーさんの案件の多くはAIによる仕事へと流れていくでしょう。そんな時代に作曲家として生きていくためには、「あなたにこそ曲を作ってほしいんです」と言われる作曲家にならねばなりません。

DAW(Digital Audio Workstation)もパソコンもどんどん性能が良くなり、今ではそれらが安く手に入るようになっているので、作曲家やクリエイターの数はこれからますます増えていきます。現在でも、DTMをやっている人は相当数いますよね。音楽の市場規模が狭くなっているにもかかわらず、作曲家やクリエイターの数は今後さらに増えていくので、作曲の仕事はパイの奪い合いになっていきます。競合だらけの中で、作曲家やクリエイターとして生き残ることができる人はほんの一握りだけだと思います。

AIやロボットにはできない人間だからこそできる仕事

作曲家はじめ音楽家というのは、自分一人で生きていくことは絶対にできません。音楽家である以上、自分のファンやリスナー、クライアントなど、いろいろな人と関係をもつ必要があるわけですが、その上で絶対欠かせないことは、音楽家だからこそ人を心からわくわくさせることができなければならないと思っています。やはり、音楽はエンターテインメントですから。

音楽を作ったり、音楽を聴かせたりすることはもちろん、「これからこんなことをやっていきたい」と、自分の夢やビジョンを語り、周りの人がわくわくしてその夢やビジョンに一緒に参加したいと思ってもらえるような人間であるかどうかが、この先音楽家として生きていく上ですごく重要なポイントになってくると思います。

仮に腕のある音楽家であっても、人を惹きつけるビジョン、ストーリーがない人は、この先どんど

ん大変になっていきます。仕事はあるかもしれませんが、身体も心もどんどんくたびれていってしまう。そういう音楽家って、すでに多いと思います。

音楽の仕事に限らず、一人で黙々とただ与えられた仕事をしているだけの人は、この先、生き残っていけない。だから、これからの時代、自分が実現していく未来に対してたくさんの賛同者や協力者を巻き込んでいけるか、そのために、わくわくするような夢やビジョンを掲げて実行できるかが重要になってくるんじゃないかと思います。

ましてや、これからのAIの時代、働かなくてもいい世の中が実現するかもしれません。そうなった時のわれわれの一番の仕事って、エンターテイナーであることだと思っています。夢やビジョンを提示してみんなを楽しませるという、ＡＩやロボットにはできない、人間だからこそできる仕事が重要になってくると思います。これから起業を目指される方も、ぜひともそういったところを意識しておくといいんじゃないでしょうか。

ＩＴを駆使して自分をブランディングする

「これから音楽で食べていくのはとても難しい」とよく言われます。でも、これは音楽業界の中だけの話なんですね。業界の外に目を向けると、今までよりも格段に生きやすい時代になってきています。

例えば、ニコニコ動画でも、YouTube（ユーチューブ）でも、TikTok（ティックトック）でも何でもいいですけど、「歌ってみた」や「踊ってみた」をやった人が一躍人気者になっていく姿を目にしますよね。でも、昔はこういう現象は起こらなかったんですよ。なぜなら、メディアというと、テレビやラジオしかなかったですから。現在はインターネットの登場によって、自分の特技や魅力をどんどん発信していける状況になりました。これまでだったら、テレビに出ないと有名になれなかったわけですが、インターネットを使うことで、全く無名の人がある日突然有名になることが起きる時代になったわけです。これって、音楽業界の外の話ですよね。音楽プロダクションに所属して、レコード会社と契約してCDを出して、ドラマやCMのタイアップを決めて、ヒットチャートに入るみたいなこれまでの成功パターンではなく、音楽業界に依存しなくてもインターネットを使って自分自身を上手くブランディングしていけば成功する時代がやってきたんです。

コミュニティでマネタイズする

音楽業界は血で血を争うレッド・オーシャンで[3]、これからますます厳しくなっていくと思います。僕は、これからの若者はあえてレッド・オーシャンへ飛び込んでいかなくてもいいんじゃないかと思っています。

なぜかというと、YouTubeでも、Twitter（ツイッター）でも、Instagram（インスタグラム）でもいいですが、音楽業界以外のところで自分をしっかりブランディングしていけば、活躍できるチャンスはいくらでもあるからです。これからは音楽コンテンツそのものを訴求してマネタイズするというよりも、消費者が主役になるようなサービスでマネタイズしていった方が上手くいくと思います。その象徴が今はやりのオンラインサロンです[4]。オンラインサロンでは、自分が発信している情報やコンテンツ、自分そのものを好きになってくれたファンが参加しています。そこで、たくさんのファンが仲間となって自分を応援してくれる。これからは、オンラインサロンのコミュニティ活動を通して、サロン・メンバーがそれぞれの人生の楽しみを見つけていくサービスが主流になってきます。

だから、音楽作品であったり、情報コンテンツであったりは、今後、ますます無料化していく。コンテンツでお金を稼ぐのではなく、その先にあるオンラインサロンやファンクラブのようなコミュニティでお金を稼ぐ収益モデルが一般的になってくると思います。こういったコミュニティを使ったビジネスは、これから音楽家がマネタイズしていく上で非常に相性の良いものになっていくと僕は感じています。

昔は情報を手に入れた人が勝ちみたいなところがありましたが、今は誰でも無料で情報を手に入れることができます。逆に言うと、情報が多過ぎる。現代人が1日で得る情報量は、江戸時代の人の1年分ぐらいに相当するらしいです。すごい時代ですよね。情報があふれているんです。その中には、正しい情報もあれば、でたらめな情報もある。その中で自分が必要な正確な情報をいかにして手に入れるか、情報の精査と選別が重要になってくると思います。つまり、常にアンテナを張り続けて、正確な情報を見極めてインプットし続ける必要があるということです。

今は、3カ月前の情報は古いと言われる時代です。3カ月なんてあっという間に過ぎます。半年前なんて、もう化石です。僕も追い付いていくのに必死です。だから、最新の情報を持っている人とつながって、より良質な情報を入手するようにしています。若い人たちは、良質な情報をもった人たちとつながることがなかなか難しいと思うのですが、今はオンラインリロンという便利なものがあります。例えば、西野亮廣さんや箕輪厚介さんのような人気のあるイソラインサロンに入ってみるのもいいのではないかと思います。

オンラインサロンでの取り組み

僕は、「音楽家として生きていきたい」、「音楽で自分の夢をかなえたい」、「音楽でお金を稼ぎたい」という人を集めて、そのために必要な考え方や知識、技術を学べる「#ワクラボ」というオンラインサロンを2018年8月につくりました。オンラインサロンのメンバーのほとんどが音楽家で、プロの方も、アマチュアの方もいます。

サロンでは、音楽制作の技術に関することやビジネスに関することをみんなで話し合っています。

例えば、うちのオンラインサロンにいるプロの作曲家が自分の技術を積極的にアマチュアの作曲家に教えるセミナーをやったりしています。この前やって面白かったのは、僕と若い音楽家の2人で主催した金管楽器の体験会です。サロン・メンバーに金管楽器を演奏したことがない人が結構いたので、僕のスタジオに集まって、いろいろな金管楽器を演奏してみるという体験講座をやりました。最近は自分自身や音楽を発信することが大事なので、Twitterを使った自分のブランディングの仕方や、ファンを巻き込んでいく方法について、実践を交えながらレクチャーしたりしました。

あとは、テンペストスタジオに来た仕事をサロン・メンバーの作曲家たちが引き受けてくれて、仕事もサロン内で回っています。以前、『進撃の巨人』のゲーム音楽の仕事をしたときは、サロン・メンバーのギタリストに演奏してもらいました。また、作曲家の卵の子たちに譜面作成の仕事をお願いしたりしています。

仕事に関することだけでなく、レクリエーション活動もたくさん行っています。この前は、みんなで鎌倉に居合抜きの体験に行ってきました。夏にはバーベキュー大会をやったりもしています。真面目なことも、楽しいことも全部ひっくるめて仲間内でわいわいやりながら、お互い楽しく成長していくことを目的としたコミュニティになっています。現在のところ、公式にはサロン・

メンバーを募集していません。それは、サロン内の活発な活動や文化はある程度時間をかけて行わないといけないと考えているからです。だから、初期メンバーは10人限定で、2期メンバーも15人限定でした。そして、3期メンバーは1期と2期のメンバーの紹介がないと入会できないようにしました。あまり人数を増やしすぎても、参加できない人が増えてきてしまうので、サロンの組織文化が浸透した段階で、メンバーを増やしていく予定です。

でも、そろそろ4期メンバーを募集しようと考えていて、次期には50人くらいのサロン・メンバーを目指しています。近々、学生を対象とした学割プランを用意しようとも考えています。興味のある方は、僕のLINE公式アカウントに登録してください。

自分の人生を人任せにしない

自分の人生は誰かが何とかしてくれるわけではありません。これは、起業を目指す人だけでなく、会社に就職する人にとっても非常に重要なことです。会社の従業員になったら、従業員のままのマインドだったら、結局、会社の歯車になって人に使われて終わるだけです。そうではなくて、仮にどこかの会社に就職したとしても、「いかに自分の会社を良くしよう」、「仕事を通して世の中を良くしよう」と考え、主体的に仕事に取り組むかどうかで、人生は大きく変わってきます。
つまり、人任せや運任せでは何も変わらないということです。どんな環境であっても、自分が全ての責任者で、人生はすべて自分が決定権を握っているんです。自分の人生を人任せにしないで、自分の人生をより良くするためにはどうしたらいいのかを一生懸命考えて、そのために必要な知識や考え方、技術を身に付けて、それを実践していくことが重要だと思います。

脚注

1 作曲家／シンセサイザー・アーティスト。NHK大河ドラマや手塚治虫のアニメ『ジャングル大帝』、『リボンの騎士』など、数多くのTV・映画音楽を手掛ける。1970年頃よりシンセサイザーによる作編曲・演奏に着手し、74年のアルバム『月の光』が日本人として初めてグラミー4部門にノミネートされる。尚美学園大学で教鞭をとり、後進の指導に尽力した。2016年5月5日逝去（享年84歳）。

2 自社がもつ独自の強みや売りのこと。

3 W・チャン・キムとレネ・モボルニュが提唱した経営戦略論。競争の激しい既存市場を「レッド・オーシャン（赤い海、血で血を洗う競争の激しい領域）」とし、競争のない未開拓市場である「ブルー・オーシャン（青い海、競合相手のいない領域）」を切り開くべきだと説いた。『新版 ブルー・オーシャン戦略』（W・チャン・キム&レネ・モボルニュ著、入山章栄・有賀裕子訳、ダイヤモンド社、2015年）。

4 インターネット上で展開される会費制コミュニティサービス

7

大類 朋美

リトルクラシック in Kawasaki
創業者・ディレクター

大類 朋美（おおるい ともみ）

リトルクラシック in Kawasaki創業者、ディレクター。音楽を通じた地域貢献を目指し、ティーチング・アーティストとして活動するピアニスト。小学校、美術館、児童養護施設等で劇・映像や即興演奏などを取り入れた様々な形態の音楽活動を展開中。ジュリアード音楽院卒業。イェール大学音楽学部修士課程修了。マンハッタン音楽院にて博士号取得。演奏活動の傍ら、洗足学園音楽大学、国立音楽大学にて教鞭をとり、ティーチング・アーティスト教育にも力を注いでいる。2007年に2枚のCD『BACH』、『live Performance』をリリース。『ティーチング・アーティスト：音楽の世界に導く職業』（エリック・ブース著、久保田慶一・大島路子・大類朋美翻訳、水曜社、2016年）、『改訂版 音大生・音楽家のための英語でステップアップ ～音楽留学で役立つ英会話50シーン』（久保田慶一・大類朋美著、スタイルノート、2017年）を出版。平成２１年度川崎市文化賞「アゼリア輝賞」受賞。

物心がつく前からピアノの英才教育を受ける

自分から進んで音楽をはじめたわけではないんです。私の母は、独学でエレクトーンを学び、ヤマハ音楽教室のエレクトーン講師をしていました。彼女は、ピアノを学びたかったのですが、時代は戦時中ということもあり、その夢は叶いませんでした。母は、自分の夢を娘である私に託し、最高の音楽教育を施したいと考えました。

私が3歳になると、桐朋学園の音楽教室や、ヤマハ音楽教室の専門コースに通わせたり、知人の中で一番評判の良いピアノの先生に習わせたりしました。物心がつく前から、私はピアノを習っていたわけです。そして、私が7歳のとき、父親の仕事の関係でアメリカ・ニューヨークに行くことになります。アメリカでも、ジュリアード音楽院のプレ・カレッジに入り、そこでピアノを習いました。

音楽が嫌いだった中学、高校時代

音楽は嫌いでした。でも実は、私は基本的に「音楽が嫌い」という人はいないと思っています。ただ、音楽そのものではなく、音楽の周りのものが嫌いになるんです。それは、何かを犠牲にしなければいけないということかもしれません。私は中学のクラブ活動でバスケットボールをやりたかったのですが、母から「突き指をするからバスケは駄目よ」と言われて、バスケットボール部に入れませんでした。その他、自分と相性の悪い先生にピアノを教わらないといけないとか、周辺のことが嫌になって、音楽やピアノを嫌いになりました。

小学4年生の時にアメリカから帰国しました。小学生時代と中学生時代はコンクールに出るなど、ピアノを続けていましたが、先生の指導が厳しく、音楽が楽しいと感じることもなく、ピアノを続けることが苦痛になっていました。そして、高校受験を控えた中学3年の時、私は「音楽は趣味でやる」と親に反発して、音楽高校ではなく進学校に進むことにしました。高校生の時もピアノは続けました。それは、幼い時からずっと続けていたピアノを辞めるのが惜しかったからです。しかし、演奏家になるかどうかは決めかねていました。将来の夢は小学校の先生になるとか、そんな感じだったと思います。それから、高校1年生の終わりくらいの時に、また父親の転勤でアメリカに行くことになりました。

名門ジュリアード音楽院に進学

父の転勤先は、前回と同じで、ニューヨークでした。アメリカの高校は9月から始まるので、日本と比べて半年早いんです。アメリカでの大学進学を考えていたので、私は1年半後に大学受験を迎えることになりました。しかし、英語力には自信がありませんでしたし、アメリカの大学受験の対策もしていませんでした。「これは一般の大学にはどこにも入れないぞ」と困りました。それで、音楽大学なら入学できるんじゃないかと考えて、ジュリアード音楽院への進学を志望しました。

ジュリアードは世界的に有名な音楽大学ですが、語学や数学といった一般的な科目の試験がなく、実技試験だけだったんです。それに、私はジュリアードのプレ・カレッジに通っていたので、実技試験の傾向をつかむことができました。ジュリアードの実技試験は、バロック、クラシック、ロマン、現代のそれぞれのジャンルから一曲ずつ選んで、1時間ほどのプログラムを用意します。これを準備するのは大変なのですが、当時の私には選択の余地がなく、やるしかありませんでした。結果、試験に合格して、ジュリアード音楽院ピアノ専攻に入学することになりました。1984年のことです。ですから、私は「ピアニストになりたくてジュリアードに行った」というのではなく、選択の余地がなく、仕方なくジュリアードに行ったというのが本当の理由なんです。

一流が集まる環境で、はじめて音楽の楽しさを知る

ジュリアードでの音楽教育は、これまで私が日本で受けてきた音楽教育とは全く違いました。日本にいる時、ピアノをやっていて本当に苦しかったんです。コンクールもそうですが、人と同じ課題曲をなるべくノーミスで弾いて、それを点数で競う。自分自身、高校生のとき、「今日練習したら、何人より上手になったかな」と、そのように考えたこともありました。音楽を順位で考えるなんて、全く面白くないですよね。ピアノの練習中に、当時流行っていた歌謡曲をアレンジして演奏したりすると、先生に叱られました。音楽に遊びの部分がないですよね。そして、音を間違えると、ひどく軽蔑されたことを覚えています。人間誰しもちょっとしたシャープ（♯）の見落としぐらいしますよね。一言で言うと、日本での音楽の学びは息苦しかったんです。

ジュリアードは全く違いました。やはり、いろいろな国からいろいろな人が集まっているということもあるのかもしれません。ソルフェージュに関する能力でも、ピンからキリまでです。東洋人というのは、ある程度ソルフェージュができるのですが、その一方で、音楽に関する歴史が

あまり分かっていなかったりします。他の国の人だと、ソルフェージュはそれほどでもないけど、音楽の歴史にものすごく詳しい人がいたりします。私だって、大学の中じゃ変わっています。英語も上手にしゃべれるわけじゃないし、マイノリティですよね。でも、ジュリアードはそういうマイノリティだらけなんです。だから、あまり人と比べることがなくなって、自分も変わっていきました。

だけど、ジュリアードはすごい人たちの集まりなんですね。バイオリンの五嶋みどりちゃん[1]も同じ時期にいましたし、バイオリンの巨匠パールマンの娘も私の同門でした。また、レナード・バーンスタイン[2]やヨーヨー・マ[3]もマスタークラスに頻繁に来ていました。だから、日々、才能ある人たちの演奏に触れていると、自分は本当にちっぽけな存在なんだと思い知らされました。自分はそういった才能ある人たちに到底及ばないと思いましたが、一流の人たちが集まる独特な空気に触れることができたのはかけがえのない経験でした。ジュリアードの4年間は本当に楽しかったです。日本にいた時に感じた息苦しさはなかったです。もちろん、ジュリアードにいた時も演奏家としての苦しさはありました。でも、これから続いていく音楽家としての道のりはまだ遠いなという苦しさであって、人と比べて自分はどうかという苦しさではないんです。

さまよっていた大学卒業後の時期

ジュリアードの4年間はとても充実した大学生活でしたが、将来の目標を見つけることはできませんでした。私が大学を卒業した頃、日本はバブル景気に沸いていましたから、日本に戻ればいくらでも仕事がある時代でした。その時期、私はさまよっていました。

夏休みの間、帰国して就職活動をやったりもしました。NHKの採用試験に黄色い胸の開いたドレスを着ていったら、周りの学生はみんな黒のスーツを着ていて驚きました。その話を友人にしたら、「そんなの、とんでもないよ」と言われました。私は、日本の就活事情を何も知らなかったんです。だから、自分が何になりたいのか、何になれるのかが分からずに、さまよっていましたね。音楽は楽しいから続けていましたが、「音楽を仕事にしなければ」とは思っていませんでした。「最悪、英語ができるから、なんかとかなるさ」という甘い考えでいました。

その一方で、もう少し勉強したいという気持ちもありました。ジュリアードの大学院に行くことも考えましたが、音楽だけでなくリベラルアーツ的な部分にまで広げて勉強したいと考えるようになりました。そこで、イェール大学大学院に進学することを決めました。

アメリカの大学院で博士号を取得

イェール大学はコネチカット州ニューヘイブンにあります。大学を中心とした学園都市で、ビジネススクールやメディカルスクールもあり、日本はじめ世界中からたくさんの留学生がいました。

私は大学院演奏科ピアノ専攻に進学しましたが、音楽以外の他分野を専攻する学生との交流も盛んでした。これまで私はピアノばかり弾いていましたから、他のことが詳しくありません。当時の私は、音楽の話でも、オペラの歴史とか、シンフォニーのこととか、音楽史とか、あまり話せませんでした。いろいろな分野を専攻する大学院生との交流を通じて、「ピアノソナタをきれいに弾けるだけじゃ駄目なんだ」と思い、それから変わりました。

イェールでは、他の分野の科目も履修できたので、社会学や文学の授業を受けたりしました。また、文学専攻の学生と一緒に室内楽を演奏したりして、楽しかったですね。イェールは自分の視野が広がる環境でした。

2年間の修士課程を終えて、ニューヨークにあるマンハッタン音楽院大学院博士課程音楽芸術ピアノ専攻に進学しました。博士課程に進学した理由は、ビザの関係もあって、アメリカにいるために学生を続けなければならないということもありましたが、研究活動や大学キャンパスに対する憧れがあったからです。

博士課程では、授業で単位を取り、5年以内に博士論文を提出して、審査を受ける必要があります。そして審査を通過した人に博士号が授与されます。マンハッタンの多くの学生は、修士を修了した後、一旦社会に出て就職してから、しばらくして再び大学に戻ってくるケースが多かったと思います。そういう学生は30・40代で仕事を続けながら大学院に通っていました。私は修士の後すぐに24歳で博士課程に入学し、29歳で音楽芸術学の博士号を取得しました。

アウトリーチ活動の基礎を身に付ける

博士課程修了後も2年間アメリカにいました。日本企業のアメリカ駐在の家庭の子どもたちや、近所の音楽教室でピアノを教えたりしていました。人にピアノを教えることは好きでしたね。時々、アルバイトとして、教会の礼拝で音楽を演奏しました。それと、いろいろなコンクールを受けて、演奏家としてのチャンスを狙っていました。

これは後の「リトルクラシック in Kawasaki」の活動につながるのですが、コンクールに向けた準備のために、いろいろな会場で演奏をしていました。アメリカの音楽大学では、大学のキャリアオフィスに行くと、高齢者施設や図書館、教会、美術館などの演奏できる会場のリストをくれるんです。コンクールは一発勝負ですから、大きな舞台に立つには度胸が必要です。だから、私は度胸を付けるために、定期的にそういったところで演奏していました。自分で会場に連絡し、会場側と交渉し、演奏の日程を調整し、事前に準備をし、当日演奏しました。この一連の作業はとても勉強になりましたし、私のアウトリーチ活動の基盤になりました。

両親は私が大学院生のときにすでに日本に帰国していて、私も学生の頃から10年以上アメリカでピアノを教えたり、コンクールに参加したりしていたのですが、ちょうど30歳の時に尚美学園短期大学からピアノ講師の誘いがあったんです。それで、日本に帰国することにしました。

「リトルクラシック in Kawasaki」をはじめるきっかけ

日本に帰ってきて、尚美学園短期大学や洗足学園音楽大学でピアノ講師の仕事をしつつ、とにかくコンサートをたくさんやっていました。演奏家としてのキャリアを築くために、コンサートを行う必要があったからです。コンサートでは、人がやっていないような現代曲や、難解な曲、ものすごく長い曲を集めたプログラムばかりやっていました。それは、クラシックファンの注目を集めるためでした。演奏家がコンサートを行う場合、両親や親戚や知人に手伝ってもらって、お客さんを集めるわけです。私も両親や親戚に協力してもらいましたが、本当は身内に依存するのが嫌だったんです。だから、自分の関係者を集めてやるコンサートではなく、演奏会のプログラム自体に興味を持って来てくれるコンサートをしたかったんです。

先ほどお話したとおり、私はアメリカ時代、コンクールに向けて準備する際、高齢者施設や図書館、教会、美術館などでリハーサルを兼ねて演奏していました。コンサートを行うにあたって、アメリカの時と同じように、いろいろな場所でリハーサルを兼ねた演奏をしたいと考えました。ちょうどその頃、私の夫が、建築関連でまちづくりや地域活動に関係していて、川崎市内の小学校とつながりがあったんです。そこで、夫に頼んで、新百合ヶ丘や真福寺、西生田の小学校の先生を紹介してもらいました。小学校で自分が演奏する機会が得られればと考えたわけです。これが「リトルクラシック in Kawasaki」をはじめるきっかけになりました。

たくさんの協力者を得て、次第に広がりを見せる

「リトルクラシック in Kawasaki」の初めの一歩を夫がサポートしてくれました。もう一人、リ

トルクラシックの立ち上げでお世話になった人がいます。ジュリアード時代の先輩で、現在、音楽監督としてオーケストラ教育の指導を行っている浅岡洋平さんです。浅岡さんはチェリストなのですが、お話がとてもお上手で、小学校での出前授業の話を持ち掛けたところ、快く引き受けてくれました。こういった出前授業は、演奏だけでなく、おしゃべりも重要なので、浅岡さんが協力してくれて本当に助かりました。

立ち上げから現在まで、リトルクラシックの活動の柱は小学校の出前授業です。具体的には、お話と音楽を一緒にした劇音楽、木管、金管、弦楽器それぞれに特化した授業、体験型オペラなど様々な形態の双方向的なプログラムを提供しています。リトルクラシックの設立は２００４年ですが、１９９８年から活動を行っているので、20年以上の活動歴になります。これまで行った出前授業の回数はのべ300回以上、参加した子どもの数は３万人にのぼります。出前授業の出張先の多くは、「リトルクラシック in Kawasaki」の名前のとおり、神奈川県川崎市内の小学校になります。

第一回目の出前授業は川崎市立古市場小学校で、その時はまだリトルクラシックという名前ではありませんでした。私と浅岡さんの二人で小学校を訪れて体育館で音楽会をやりました。そのときのプログラムは、チェロとピアノでそんなに長くない曲で、みんながある程度知っている曲を交え、曲の解説を少し加えながら行いました。先生たちや子どもたちから「身近で生演奏を聴けるのは良いですね」と好評でした。その評判を聞いた別の小学校から、「うちの学校にも来てください」とお声がかかり、翌年から4、5校に行きました。浅岡さんの都合がつかなくなってしまってからは、クラリネットや声楽の知人に手伝ってもらったりして、最初の5年ぐらいは、私の他に1人、２人を加えたくらいの小人数で活動していました。

「リトルクラシック in Kawasaki」という名前を付けようと思ったのは、私の活動を説明する際に、「大類朋美がこういう活動をやっています」と言うよりも、「リトルクラシックでこういう活動でやっています」と言う方が、参加してくれる演奏家や、協力してくれる小学校、スポンサーである行政から賛同を得やすいからです。私は、たくさんの人とつながって、協力を得るために「リトルクラシック in Kawasaki」の名で起業しました。

洗足学園音楽大学の須永尚子先生にもお世話になりました。音楽劇のプログラムを考えていた時に、尚子先生が「もう少し人数を増やして、いろんな場面設定をやったほうが面白いかもね」という話をされて、先生のゼミの学生さんを呼んでくれることになったんです。そこから、「せっかくだから、ここの場面で子どもたちに踊ってもらったらいいんじゃない」という話になって、子どもたちにオペラを体験してもらう「体験型オペラ」のプログラムがはじまったんです。

体験型オペラは、すてきな場面を増やそうとして、どんどん面白いアイデアが出てきました。でも、そういったアイデアを実現するとなると、学生を含めた大人数を毎回、出演させる必要があります。そうなると、予算や準備の問題もあって、演奏家や学生を増やすのは難しいということになりました。それで、少人数のコアメンバーだけで、面白いアイデアを実現するにはどうすればいいのかを考えた結果、子どもたちや小学校の先生にオペラに限定しない音楽劇に参加してもらおうということになりました。幸いなことに、小学校の先生方も快く劇中の役柄を演じてくださいました。子どもたちには、音楽に合わせた踊りや演奏家と一緒に即興演奏をやってもらったりするようになりました。

リトルクラシックのアイデアの源泉：ヤング・ピープルズ・コンサート

リトルクラシックのリトルは「子どもたち」という意味で、リトルクラシックは子どもたち向けのクラシック音楽という意味です。リトルには「小さな」という意味もあるので、小さなクラシック音楽という意味も含まれています。私自身が目指しているのはビッグクラシックではなくリトルクラシックで、「小さいところから始めましょう」という考え方を持っています。

リトルクラシックのアイデアを思い付いたのは、ジュリアードの音大生時代にさかのぼります。私が『ヤング・ピープルズ・コンサート（Young People's Concert）』という映像作品を見たことがきっかけです。ニューヨーク・フィルハーモニックが1920年代から現在までも続けている『ヤング・ピープルズ・コンサート（Young People's Concert）』という子ども向けの演奏会があります。

このコンサートは、今で言う、クラシック演奏家たちによるアウトリーチ活動の先駆けのようなものです。1950年代から、レナード・バーンスタインがこのコンサートを企画・指揮・司会をするようになって、テレビシリーズも放映されました。私は、バーンスタインのテレビシリーズを録画したビデオをジュリアード時代に見て衝撃を受けたんです。彼は指揮者であり、作曲家であり、教育者でもあるので、子どもたちに、作曲家や演奏家が登場した歴史的な背景から、モチーフやリズムなどの作品の部分的なところまでをすべて一人で説明しながら、オーケストラの指揮をするわけです。

私は本当に衝撃を受けて、バーンスタインは私の憧れになりました。彼のポスターを部屋に貼って、彼のようになりたいと思うようになりました。

ジュリアードはリンカーン・センターの近くにあったので、メトロポリタン・オペラやニューヨーク・フィルの演奏をよく聞きに行っていたのですが、私は演奏中に居眠りしちゃったことがあったんです。自分が演奏の途中で眠くなるということは、「分かっていないところがあるんじゃないのか」、「音楽家を目指している人間として、自分は駄目なのではないか」と感じていて、バーンスタインの『Young People's Concert』での説明を聞いて、「ああ、なるほど」と思うところがたくさんありました。これまでもレッスンでは、「ここはこうやって弾くといいよ」という弾き方は教わってきましたが、バーンスタインは音楽のもっと原点的なこと、例えば、「どういう目的で作品は作られたのか」、「作曲家はどうしてこの音を選んだのか」といったことを解説してくれるんです。つまり、彼の解説を聞くと、作曲家の考えを演奏にどういうふうに生かしていけばいいかが分かるし、音楽が単純に楽しくなるんです。

また、彼は、子どもたちに向けてただ楽しくおしゃべりをするだけでなく、子どもにきちんと音楽を理解させて、演奏もしっかりと聴かせるんです。演奏を聞いている人たちは演奏家になるのではないのだから、技術的なことや専門用語を使った説明ではなく、曲が何を表現しているのか、どういうところに気をつけると、音楽の仕組みが聴き取りやすくなるかなどの方が面白いだろうし、演奏を聴くときの参考になると思いました。その時、私は、「ヤング・ピープルズ・コンサートのようなことがやりたい」と思ったんです。

バーンスタインのヤング・ピープルズ・コンサートは、私の音楽活動に潜在的にずっと影響を与えていて、それがリトルクラシックの活動につながっていったんです。

「ティーチング・アーティスト」との出会い

ティーチング・アーティストという言葉は、ジュリアードの卒業生に定期的に送られてくるニュースペーパーではじめて知りました。そのニュースペーパーにエリック・ブースという演劇畑出身の教育者が自分の著書である『Everyday Work of Art』についてコメントしている記事があったんです。その記事には、２０００年ぐらいから、ジュリアードで「アート・エデュケーション」という授業が開講されていて、その授業を受講している特別奨学金給費学生は、ティーチング・アーティストとして小学校に教えに行っていることを知ったんです。私がリトルクラシックでやっているのと同じようなことを、ジュリアードは授業として行っているんだと思いました。

その後、２００９年に出版されたエリック・ブースの『ティーチング・アーティスト』という本を読みました。私は、バーンスタインのヤング・ピープルズ・コンサートとは違う意味で衝撃を受けました。これまでリトルクラシックで小学校や老人ホームに出前授業や演奏会の企画運営を行ってきましたが、自分が必要に駆られてやっていたことや自分の中であいまいだったことが、この本で言語化されていたんです。後に、私はブースのこの本を翻訳することになり、２０１６年に翻訳本を出版しました。[4]

ブースは、ティーチング・アーティストを、「芸術を通して、人々を学びの体験に巻き込むことのできる教育者としての感性を備えた現役のアーティストである」と説明しています。ブースが言う芸術（Arts）とは“to put things together”、つまり、いろんなパーツを一つにすることが芸術だと言うわけです。またブースは、“education”というのは、「教えることではなく、引き出すことだ」とも言っています。音楽を聴いている人たちから、持っているものを引き出してあげるということです。だから、まとめると、ティーチング・アーティストというのは、「いろんなパーツを一つにできるように、聞いている人たちから引き出すこと」。それが、ティーチング・アーティストです。

ティーチング・アーティストという言葉を知る以前の私は、リトルクラシックの活動について、知人から「ボランティアをやっているのね」、「演奏が上手じゃない、コンサートホールで弾くレベルじゃない人たちがやることなのよね」、「暇があったらやればいいことなんじゃない」と、活動に対して少し見下されたような感じを受けていました。しかし、ティーチング・アーティストは、「リトルクラシックはそういったものじゃないんだよ」と明確に言ってくれる概念で、リトルクラシックの活動を行う上で後押しになりました。アメリカではティーチング・アーティストという音楽教育が事実として行われていて、それは日本でもできないことではないと思いました。リトルクラシックの活動を通じて、日本でティーチング・アーティストの考え方を普及させ、ティーチング・アーティストを育成したいと考えるようになりました。

カンボジアでのボランティア活動

リトルクラシックの活動とは直接的な関係はありませんが、2019年8月にカンボジアの中学校で音楽教育のボランティア活動を行いました。夫の建築関係の知人が、カンボジアに移住していて、アンコールワットの遺跡修復や、ごみ処理などの環境問題、子ども教育などに取り組むJST（Joint Support Team for Angkor Community Development）というNGOで活動をしているんです。そのJSTがシェムリアップにあるバイヨン中学校の設立に携わっていて、学校が開校した2013年に、私も家族旅行を兼ねて訪れたことがあるんです。そして、今回、バイヨン中学校が設立されてからしばらく時間が経って、生徒をたくさん受け入れて活発に活動しているという話を聞いて、中学校でのボランティア活動を目的に久しぶりにカンガボジアを訪れました。

シェムリアップはアンコールワットの近くにある都市で、観光と農業で成り立っています。私が行った地区は井戸から水を汲んでいて、電気も制限されていました。学校の全校生徒は500人ぐらいいるのですが、11月の新学期が始まってしばらく経つと、次第に生徒数が減っていくんです。農家の子どもたちはみんな仕事を手伝わなければならないので、「学校なんて行かないで、うちの仕事を手伝いなさい」と親が言って、学校に行かなくなるらしいです。本当は子どもたちは学校に行きたいのだと思いますけどね。学校はシェムリアップの中心部にほど近い農村部にあり、周辺の村から、子どもたちがみんな裸足で自転車に乗って、30分以上かけて学校に通います。

その中学校で午前中2時間の授業を3日間やりました。10人ぐらいの子どもたちに対して授業を行いました。短期間で集中的に音楽を教えるというプログラムを考えていたので、できるだけ少人数という希望を出していたら、音楽が得意な子どもたちを集めてくれていました。といっても、彼らは楽譜を読めるわけではなく、ピアニカでドレミファを弾ける程度の能力です。その学校には、音楽の先生がおらず、基本的に音楽の授業はありません。JSTには日本人の大学生インターンが数ヶ月ごとに入れ替わりで来るようで、その学生たちが、時々、日本語や音楽などの教科を教えるという感じです。

カンボジアはポル・ポト政権下に政治家や医者、教師などの知識層を大量虐殺したので、教育が大きく遅れています。その時代から40年ほどしか経っておらず、まだ発展途上で大変です。でも、カンボジアの国民性というか、みんな人が良いんですね。治安もそれほど悪くないですし、魅力的な国なんです。カンボジアだと、人と人の目が合うと必ず「にこっ」として合掌してくれます。日本だと普通、目をそらすじゃないですか。だから、忘れちゃうんですね。人との関わり方の一番いい部分を思い出すんですよね。

授業を終わった後も、子どもたちが習った日本語で「先生、ありがとう」と言ってくれて、素直にうれしいですよね。日本だと、そういうこともなくなってきていますしね。

20年間続けることができたのは人の縁があったから

私がやってきたことはビジネス的なことではないので、「こういう成果がありました」と目に見えるようなものはありません。しかし、20年以上、リトルクラシックの活動を続けてきて良かったと思うことは、一緒に演奏した人たちとの縁です。5年、10年と一緒に長く演奏している方もいますし、途中で価値観の相違があって離れてしまった方もいます。離れてしまった方々を含めて、演奏家との縁がなかったら、リトルクラシックは成立していません。

私の活動に賛同してくれて、「次の年もやりましょう」とおっしゃってくださった小学校の先生方との縁も大切な縁です。20年間活動を継続してきましたが、続けるのは簡単なことではありませんでした。学校側に出前授業を気に入ってもらえたとしても、活動がそのまま続くわけではないです。学校には人事異動がありますから、リトルクラシックの活動に好意的な先生が転勤になったりすると、改めて新しい担当の先生に説明やお願いをしなくてはならないんです。個々の学校の校長先生や、校長先生が集まる会議、教育委員会にも何度も企画を説明するために行きました。でも、企画は現場の先生を通じて、実現することが多いですね。出前授業を一緒にやって、好意的に受け取ってくれた先生は、たとえ転任してしまったとしても、転任先でまた呼んでくれます。やはり20年も活動を継続することができたのは、現場の先生方とのつながりがあったからです。

リトルクラシックを始めた当初、私は30代でしたが、今は50代になりました。20年前から一緒にやってきた小学校の先生方も偉くなって、教頭先生になった先生もいらっしゃいます。これまでリトルクラシックの活動を共にしてきた先生方や演奏家の方々は過去を共有しているので、これからも活動を継続していく上で心強いですね。そして今、私は20代、30代の若い演奏家とも一緒にやっています。彼らとはかなり年齢差があるのですが、リトルクラシックを通して若い演奏家とつながりを持てるのはうれしいですね。

リトルクラシックの活動とともに自分自身も変化

もう一つ、リトルクラシックを続けてきて良かったと思うことがあります。それは、自分がずっと同じではなく、変化することができたことです。例えば、リトルクラシックをはじめた当初、私は「小学生というのは、こういう流行りの曲が好きだよね」と決めつけるようなところがあったかもしれません。しかし、私は、自分に子どもが生まれて乳児を抱えていると、小学生が音楽会で歌ったり踊ったりする姿を見て、「小学生たちは本当に自立してすごいな」と思うようになりました。そして現在、私の子どもは中学生になっていて、音楽会での小学生たちを見ると、逆にかわいく見えたりして、子どもの年齢による成長過程が以前より理解できるようになりました。子育てを通じて、自分が年齢と経験を重ねることによって、子どもに対する見方や考え方が変わっていったわけです。

最近、リトルクラシックで高齢者施設に行くようになりました。自分の親が高齢になるということを実際に経験するようになると、認知症や病気になった高齢者にはどういう音楽プログラムや音楽会が必要なのかが、少しずつ分かるようになってきました。ライフステージの変化を経験する中で、リトルクラシックを通して人生と音楽の関係について考え、自分自身も変化できたことは、すごく良かったと思います。

地域のための芸術

20年間活動を続ける中で、リトルクラシックを行う目的が変わっていきました。リトルクラシックをはじめた30代の頃は、自分のキャリアを築くためにたくさんのコンサートを行っていました。そして、コンサートを行うには、場慣れするためのリハーサルが必要です。だから、当初、リトルクラシックでのコンサートは、演奏家としての私自身の演奏の場を広げるためであり、リハーサルのために行うという意味合いがありました。そのため、小学生を想定してすべての曲を演奏するというわけではなく、他のコンサートで使う予定の一部の曲を演奏するということもありました。

でも、私の中でリトルクラシックを行う目的が次第に変化していきました。今度は、学生のことを考えてやるようになりました。私がピアノを教えてきた学生たちは、「大学を卒業したら、将来、どのように音楽を続けていくんだろう」ということに関心が移っていきました。音楽大学を卒業しても、演奏家として活躍して成功するのは難しいです。若手演奏家が音楽を仕事として続けられなくなったとしても、楽しんで音楽を続けられる環境を整備したいと考えたときに、「私がやっているリトルクラシックのような活動もあるんだよ」ということを彼らに紹介したいと考えるようになりました。

加えて、音大生というのは修行の身だから、演奏が上手じゃない学生もいるわけです。そういった学生が人前に出て演奏をするとき、ぼろぼろになったりすることはよくあります。だから、「人前で演奏する場合、どれだけの事前準備をこなさないと駄目なのか」を実感できるようにティーチング・アーティストを養成する場が必要だと考えたわけです。つまり、リトルクラシックの目的が、若手演奏家が経験を積む体験学習の場になり得るというものに変わっていきました。

そして現在ですが、私の中でリトルクラシックを行う目的がまた少し変化していきました。一言で言うと、「地域（コミュニティ）のための芸術」を目的にしています。「地域のための芸術」に対して、「芸術のための芸術」があると思うんです。芸術のための芸術というのは、最高の環境で最高の演奏を目指すこと。つまり、芸術を極めるということです。そして、音楽大学で教員をやっていると、芸術のための芸術が本筋だと思うんです。それは素晴らしいことだと思いますが、芸術にはそれとは別のオプションがあっていいと考えます。それが地域のための芸術です。

「忙しくて心に余裕がない」、「生きがいがない」、「うつ状態である」、そういった心の状態は平穏じゃないですよね。心の平穏というのは、心が穏やかで、好きなことに集中できる無の状態のことです。日常生活において、そういった心が平穏な状態をつくることはとても大切なことです。そして、音楽には、心を平穏な状態にする力があります。私は今、リトルクラシックを通して、音楽で人々の心の平穏な状態をつくる活動を地域でできたらいいなと思っています。これが、私が考える、地域のための芸術です。地域のための芸術は、芸術のための芸術と比べると、華々しさや、ドラマチックさはないかもしれません。でも、人々の心の平穏をつくることができる音楽は、地域のための芸術の中に存在していて、それは大事なことなんじゃないかと思うんです。

今後の課題

これからの課題を挙げるなら、二つあります。一つは、活動を継続して、より充実したプログラムでたくさんの人に見てもらいたいのですが難しいですね。「もっとこうしたい」と思ったとき、やはりお金がかかります。リトルクラシックに出てくれる演奏家に「無償のボランティアでお願いします」というわけにはいきません。演奏してくれる方々は、若手演奏家であっても、音楽で生計を立てているわけですから、ある程度の謝礼を出さなくてはなりません。だから、いかにして資金を調達していくかが重要になります。

これまで資金調達の一環として、補助金をもらうためにいろいろと動いてきました。市が助成してくれる数万円程度の小規模なものから、国や県レベルの大きなものまで、たくさん補助金を申請してきました。また、河合楽器のような企業から助成金を頂いたこともありました。リトルクラシックをここまで続けられたのは行政や企業からの補助金や助成金のおかげによるところが大きいです。

こういった補助金を獲得するためには、たくさんの文章を書いて資料を作成しなければならないので、時間も労力もかかって大変なのですが、補助金を獲得できると、「私がやっていることを認めてくれたんだ」、「価値を見いだしてくれる人もいるんだ」と素直にうれしいですし、励みになります。補助金や助成金の獲得を含めて、資金調達はリトルクラシックを継続していくうえで今後も大きな課題になると思います。

もう一つの課題は、リトルクラシックの活動やティーチング・アーティストの考え方を社会や教育関係者、音楽関係者に広めたいと考えたとき、私の活動や考え方をどう理解してもらうか、どこに価値を見出してもらうかが重要になります。現在の日本の音楽大学には、ティーチング・アーティストについて学ぶカリキュラムは提供されていないので、実態を知ることができません。また、こういった音楽教育を実践していたとしても、その活動をどう評価すればいいのか、評価システムもまだありません。そういった状況下で、音楽大学はじめ日本の音楽教育の中で、ティーチング・アーティストのような新しい音楽教育をどう普及・浸透させていけばいいのかという課題はあります。

日本では、音楽教育イコール学校教育という認識ですが、それが全てではありません。私は、国とか、地方自治体とか、企業とか、大学とか、そういった大きなレベルの音楽教育だけでなく、もう少し小さなレベルの音楽教育が活発になるような仕組みが日本にもできればいいと思うんです。例えば、地域創造のように、草の根レベルの音楽教育を組織化しようとしている団体もありますが、30歳くらいまでの若手演奏家に限定するなど年齢制限があったりします。しかし、そういう団体や、全国でも小規模の音楽教育を行っている組織と、リトルクラシックがこれからどうつながっていけるかも今後の課題だと思います。

起業家を目指す人に伝えたいこと

一つは、諦めないで続けることです。起業は、確かに時間や労力がかかります。でも、1回やって上手くいかなくても諦めないことが重要ですね。続けていくと、必ず何かが見えてくるんですよ。意外と、その何かが自分の人生の指針みたいなものをくれるんです。そして、大変なことも同じような周期でずっと続けていると、大変に感じなくなる場面が出てきます。それとは反対に、「物事を止めて、新しいことを始める」を繰り返すことの方が時間も労力もかかるかもしれません。諦めないで続けることが一番ですね。

二つ目は、自分を応援してくれる人を見ないで素通りするのは良くないということです。そういった人たちがどんなことを応援してくれているのかをしっかりと見て、それに誠意をもって応えてもらいたい。「ありがとう」という感謝の気持ちを伝えることは大事なことだと思います。

三つ目は、特に若い人に対してですが、海外に行った方が良いと思います。海外に行って、海外の経験を積んで、視野を広げて、日本にない価値観などを体験してもらいたいです。海外に出ると、日本人が忘れてしまっている日本の良いところや、日本では普通だけれど、世界では普通ではないところがよく分かります。

最後になります。私は、1年半前に母親を亡くしました。その時、いずれ自分も死ぬということがよく分かりました。親が死ぬなんて思ってもいませんでしたが、親と二度と会えない、二度と話せない状況というのは急に起きるんです。別れは突然です。そういう状況に直面すると、「自分もいつか死ぬんだ」ということがよく分かります。

スティーブ・ジョブズは、「今日が自分の人生最後の日だとしたら、今日やることは本当にやりたいことだろうか?」と言いましたが、私も母の死を経験して「死ぬ前に自分は何をして生きたいか」を真剣に考えるようになりました。「この人は、自分のためにいいことをしてくれたな」と思ってくれる人が少しでもいたほうが、自分の人生は良かったと思えるんじゃないでしょうか。

悔いのない生き方をしてほしいですね。

脚注

1 弱冠11歳でニューヨーク・フィルと共演し衝撃的なデビューを果たして以来、35年以上にわたり世界トップレベルで活躍を続ける世界的な日本人バイオリニスト。これまでバーンスタイン、アバド、メータ、小澤、ラトルなどの指揮者、ベルリン・フィル、ウィーン・フィル、パリ管などのオーケストラとの共演を果たしている。

2 ユダヤ系アメリカ人の指揮者、作曲家、ピアニスト、教育家としても知られ、ヘルベルト・フォン・カラヤンやゲオルク・ショルティとともに、20世紀後半を代表する音楽家である。クラシック界のみならずミュージカル『ウエストサイド物語』(1957)などの名作を残し、幅広い活躍をした。

3 中国人を両親にもつ中国系アメリカ人の世界的チェリスト。4歳から父親にチェロを学び、ジュリアード音楽院でレナード・ローズなどに師事。音楽院でのトレーニングだけでなく伝統的な教養科目の教育を受けることを望み、1976年にハーバード大学を卒業した。

4 『ティーチング・アーティスト』(エリック・ブース著、久保田慶一・大島路子・大類朋美翻訳、水曜社、2016年)

8

西村　謙大

株式会社 CotoLab.
創業者・代表取締役

西村 謙大（にしむら けんた）

株式会社CotoLab.創業者、代表取締役。1990年3月生まれ。大阪府出身。京都産業大学工学部生物工学科（現：生命科学部）卒業。大学卒業後、新卒でバイエル薬品株式会社に入社し、循環器領域事業部でMR職を経験。独学でウェブデザインやプログラミングの勉強を始め、ウェブサイト制作を開始。退職後に上京、音楽×ITで世の中をより良くしていきたいと考え、2016年1月に株式会社CotoLab.を創業。音楽プレイリスト共有サービス「DIGLE」、プレイリスト＆カルチャーメディア「DIGLE MAGAZINE」など、音楽プレイリスト事業を展開。複数のレーベルやアーティストでデジタルマーケティングのアドバイザーを務める。「START ME UP AWARDS 2016」でキュレーター賞受賞。

堀江貴文氏のオンラインサロンとの出会い

私は、ずっと理系で育ちました。高校は理数工学科で物理とか化学の実験をしていて、大学では分子生物学を専攻しました。その流れで、大学卒業後、ドイツの大手製薬会社であるバイエル薬品に入社して、MR（営業）職に就きました。バイエルは同期が120人くらいいる会社で、サラリーマンとして充実した毎日を送っていました。

社会人2年目になって、堀江貴文さんのオンラインサロン[1]に入会したんです。私の世代にとって、堀江さんは世間を騒がせていた人という印象があって、当時、小学生や中学生だった私は堀江さんの言動を正直ちゃんと理解できていなかったと思います。ただ、「堀江さんの行動力はすごいな」という憧れがありました。それもあって、堀江さんのオンラインサロンに興味本位で入会したんです。

私は堀江さんのサロンに一期生として入会したのですが、会員メンバーは経営者が多かったんです。メッセージ上やリアルな場で堀江さんやサロン・メンバーの話を聞いていると、「仕事ってしんどいよね」というのではなく、「これから仕事でこういう未来をつくりたいんだよね」という話題が多く、特に仕事についての考え方はすごく影響を受けました。このオンラインサロンを通して、私は起業や経営の世界の方が楽しいかもと思い、そこから起業というものを真剣に考えるようになりました。

そこで、やはり何事も行動に移さないと始まらないと思い、独学でウェブデザインの勉強を始め、ウェブ制作の技術を身に付けました。当時はホームページを作成できると、今よりお金をもらえる時代だったので、これで取りあえず食べていけるかなと判断し、25歳の時に会社を辞めることにしました。今でも後悔は全くありません。当時の私は中古のＢＭＷに乗っていたのですが、その車を売り払って起業に必要な資金をつくりました。そして、勤務先であった岐阜から大阪の実家に戻って、そのタイミングで共同創業者でエンジニアの山田祐真と出会いました。山田は当時、学習院大学に通っていたので、私も東京に出ていきました。そして、２０１６年1月にCotoLab.（コトラボ）を創業しました。

ウェブ制作を始めたころ、私はもともとＩＴ業界の人間ではないので、取引先がありませんでした。だから最初は、クラウドワークスやランサーズといったクラウドソーシングサイトで、5千円でホームページを作るような、安いギャラの案件をひたすら引き受けました。割に合わない仕事でしたが、実績のない私たちにとっては大きなメリットがあって、企業と仕事をしてホームページを作った、という実績を作ることができました。実績を積み重ねることによって、より良い案件がもらえるようになるわけです。まずは地道に人脈や取引先をつくることをやっていました。

音楽で起業を決意する

元々ウェブ制作をするために起業したわけではないので、ホームページなどのウェブ制作で生活費を稼ぎながら、自分たちが作りたいプロダクトを構想することからスタートしました。山田と出会う前は、音楽だけでなく、アートや他の芸術のいろいろなジャンルのクリエイターを支援するようなプロダクトを作りたいと考えていました。でも、私も山田もバンド経験があり、音楽に詳しかったため、音楽業界にはいろいろな課題があるんじゃないかと2人で議論して、音楽のプロダクトを作ることにしました。

私個人の音楽経験を振り返ると、幼いころから音楽が好きで普段から音楽を聴いていました。そして中学生の時にギターをはじめました。当時の私は、どちらかと言うと、人とコミュニケーションを取るのが苦手なタイプでした。でも、自分の考えや感情を自分の言葉でうまく表現できなかったのが、ギターの演奏を通して歌にすると上手く表現できたんです。ギターを弾ける私に注目してくれる同級生も増えました。もともと私は、人を引きつけるというか、人に何かインパクトを与える人間ではなかったのですが、みんなが私の音楽を聴いてくれて、反応してくれたわけです。だから、当時の私にとって音楽は自分の内にあるものを表現できる道具で、音楽を通して自分自身を表現することで救われたようなところがあったんです。そこから、音楽がさらに好きになりました。

高校生になってギター教室に通うようになり、大学に行ってから軽音楽部に入ってバンド活動にのめり込むようになりました。軽音楽部では、1つのバンドでプロを目指すというより、いくつかのバンドを掛け持ちして、純粋に演奏することを楽しんでいました。

音楽を作るということはゼロイチ（起業）の作業で、根本的なところで起業に似ていたりします。アーティストが作詞や作曲をするという行為は、世の中にない音楽を生み出すことで、ゼロイチそのものです。そういった背景から、自分の表現手段として、ゼロイチに興味を持ち、結果、音楽そのものをつくるのではなく、音楽に関連したプロダクトをつくる起業という道を選びました。

3つの音楽プロダクト

現在、Cotolab. のメインとなるサービスは DIGLE（ディグル）というものですが、DIGLE はこれまでに手がけた3つ目のプロダクトになります。1つ目のプロダクトは「バンドクム」というサービスでした。私がギターをやっているときに、自分のバンドに合った演奏の上手いメンバーを集めることに苦労したので、演奏者がオンライン上で出会った瞬間にテレビ電話みたいな感じで一緒にセッションしたりして、気軽にバンドメンバーを集めることができるサービスを目指しました。でも、実際に離れた場所にいる演奏者同士がオンラインで演奏して音を合わせるとなると、スマホ端末が遅延するなどの技術的な問題の発生が予測でき、当時の一般的な技術環境での実現は難しいと判断しました。

その後、2つ目のプロダクトとして、「Vocket」というラジオキュレーションアプリを開発しました。これは、ボイス（音声）がポケットに入るイメージで、音声を持ち運んで聞くことができ、誰もがラジオパーソナリティーになれるというサービスです。Vocket は最終的には形になりませんでしたが、2016年に「Start Me Up Award」というビジネスコンテストに参加した時に、キュレーター賞を頂いて、プロダクトを開発する際の自信につながりました。

Vocketの開発を進めていた時、ちょうど日本で音楽ストリーミングサービスのSpotify（スポティファイ）がスタートしました。そこで、プレイリストを使ったサービスの可能性を感じて、Vocketではなく、プレイリスト・シェアサービスであるDIGLEの開発に専念することにしました。

プレイリストとの出会い

私は1990年生まれなのですが、2000年ぐらいはまだiPodもなくて、CDやMDが音楽メディアの中心だったんです。CDを購入したり、レンタルしたりして、自分の好きな曲をMDに録音してそれを聞くという時代です。当時の私は、おすすめの音楽をまとめたMDを友人とよく交換していました。

時代とともに、メディアはカセット、CD、MD、iPod、スマートフォンへと移っていきましたが、音楽は常にコミュニケーションの中心にあると思っていました。そして、今の時代の音楽コミュニケーションを探していくと、プレイリストというものに行きつきました。それで、海外のプレイリストサービスをいろいろ調べていると、音楽ストリーミングサービスのSpotifyで作ったプレイリストを誰もが共有できるPlaylists.net（プレイリスト・ドット・ネット）というサービスを見つけました。このサービスは２００９年に立ち上がって、２０１４年にワーナーミュージック・グループのアーティスト・レーベル・サービス部門「ＷＥＡ」に買収されましたが、海外ではこのサービスを通じて音楽コミュニケーションが活発に行われていることを知りました。

日本では、Spotify や Apple Music（アップルミュージック）はまだ十分に普及していないですよね。でも海外では、ストリーミングサービスがかなり普及しています。その背景として、音楽ファンがプレイリストを好むという事実があります。実際、ある会社のアンケート調査によると、グローバル規模ではアルバムではなくてプレイリストを通して音楽を聴いている人が54パーセントもいます。日本でも、Spotify や Apple Music の利用者が増えていくと、プレイリストを通じて音楽を聴く人の数がどんどん増えていくんじゃないかと、私は考えています。

今、Spotify では、プレイリストを作るプレイリスターと呼ばれる人たちがたくさんのフォロワーを集めています。Spotify で一番有名なプレイリストに「Rap Caviar」というものがあって、これは Tuma Basa（ツマ・バサ）という元 Spotify のキュレーターが作成していて、１２００万人のフォロワーがいます。ラップのプレイリストなんですが、どんな無名のラッパーもこのプレイリストに曲が載ると、もの凄い数が再生されてブレイクするアーティストも多くいます。プレイリスターというのは、昔で言う、ラジオＤＪだと思います。ラジオＤＪは、番組内で自分が好きな曲を流したりお薦めしたりしますが、プレイリスターも自分が好きな楽曲をプレイリストに入れて紹介するので、音楽ビジネスの役割としてラジオＤＪと似ています。

海外では、プレイリストが大きな影響力をもっているので、アーティストやレコード会社とプレイリストをマッチングさせるサービスもあります。アーティストが作った楽曲をサイトに登録して、フォロワーがたくさんいる有名プレイリストに自分の曲を取り上げてもらうことによって、そこから自分の曲をどんどん広めていきます。日本では、まだまだテレビなどのマスメディアの影響力が大きいですが、今後、新しい音楽文化はプレイリストから生まれると確信しています。

DIGLE と DIGLE MAGAZINE

現在、CotoLab. ではプレイリストをサービスの中心に据えて、プレイリストをシェアするサービスの「DIGLE」と、プレイリストとカルチャーを紹介するメディアの「DIGLE MAGAZINE」を運営しています。DIGLE に本腰を入れはじめたのは２０１７年3月頃です。

DIGLEというのは、ユーザーが自分で作ったプレイリストをウェブサイト上でシェアできるサービスです。DIGLEの名前の由来は、アナログレコード時代の昔のDJたちがレコード屋さんでレコードを探す行為のことを「ディグる＝掘る」と言っていて、そこから「新しい音楽との出会い」という意味合いを込めて名付けました。DIGLEでは今、2万以上のプレイリストが登録されています。[2] 現在、DIGLEが対応しているのはSpotifyだけですが、日本ではApple MusicやLINE MUSICが強いので、今後、それらのストリーミングサービスにも対応していきたいと考えています。

DIGLE MAGAZINEは、プレイリストを中心においたカルチャーメディアです。今まで、音楽雑誌はじめ音楽メディアというのは、音楽CDやコンサートチケットの販売を目的とした情報の提供が一般的だったと思います。DIGLE MAGAZINEでは、ユーザーがアーティストや楽曲の情報を入手すると、SpotifyやApple Musicなどのストリーミングサービスですぐにアーティストの楽曲を聞くことができるように設計しています。つまり、ストリーミングサービスを通じた新しい音楽の聞き方にマッチした情報の提供を行っています。

DIGLEからスタートしましたが、現段階ではSpotifyに依存していて、まだマーケットも小さい。でも、面白いプレイリストはたくさんあるので、そういうプレイリストを紹介したいと考えて、DIGLE MAGAZINE をスタートさせました。DIGLE MAGAZINE では、アーティストのインタビューを取り上げつつ、アーティストのお気に入りの楽曲をプレイリストにしてもらったりして、インタビューとプレイリストを連動させています。

リスナーの音楽の間口を広げるイベント

CotoLab. では音楽イベントもやっています。これは、音楽そのものの間口を広げるためのイベントです。プレイリストというのは、コンテクスト、つまり背景や文脈で音楽を聴くものだと思っています。例えば、友達と海に向かってドライブする時にはこの曲、カフェにいる時にはこの曲というように、プレイリストはそのシーンに合った音楽を流すんです。プレイリストでは、曲の良し悪しよりも、シーンに合っているか合っていないかが重要で、「今、流れているのは知らない曲だけどシーンに合っていて良いね」みたいな、そんな音楽の聞き方がこれから増えていくと思っています。プレイリストのコンテクスト的な音楽の聞き方は、リスナーの音楽の間口を広げて、新しい音楽との出会いを生み出します。

だから、CotoLab.が手がけるイベントはライブハウスやクラブでやらないんです。南青山にLittle Darling Coffee Roastersというおしゃれなカフェがあるんですけど、そこでイベントを行いました。普段、ライブハウスやクラブに行かない人も、おしゃれなカフェにいい音楽が流れていて、そこにふらっと立ち寄ってみたいと思うようなイベントを開催して、リスナーの音楽の間口を広げたいと思います。

資金調達で苦戦

今の時代、会社を立ち上げてから既存のビジネスである程度稼いで、そこで得た利益を新しい事業に投資していくやり方だとスピード感が厳しいと感じます。世の中の流れが速くなっているので、そのやり方だと現在考えているアイデアが半年後には古くなって使えない可能性があります。だから、今あるアイデアを実現するなら、先に必要な資金を調達してそのお金で事業に踏み込んでいくのがベストだと考えています。

でも、資金調達は簡単ではありません。私たちもとても苦労しました。今の日本のベンチャー企業を取り巻く環境自体は、昔と比べるとかなり整備されていると思うんですけど、私たちがやっているような、音楽を含めたエンターテインメントの分野は現在も資金調達は簡単ではないです。エンターテインメントというのは、何か世の中の大きな課題を解決するようなものではないじゃないですか。世の中の課題を解決するというよりも、人の喜びや感動を作るものなので、世の中に与える影響という観点からも、資金調達は難しかったです。仮に、とても良いアイデアだったとしても、就職活動と同じで、100社当たって、自分とマッチングするところをいくつ見つけられるかみたいな話で、ひたすら投資家にアポイントを取って足を運んで、断られるということを繰り返しました。

2017年にDIGLEのベータ版をリリースした時に資金調達で動いたんですが、投資家から資金調達できませんでした。そこで、日本政策金融公庫という国の金融機関を通じて、数百万円を借り入れることにしました。その資金を使って1年ぐらいかけてベータ版をアップデートさせて、２０１８年の頭ぐらいにアップグレード版をリリースすることができました。そのタイミングで再度資金調達にチャレンジしましたが、やはり現実は厳しくて資金調達できない状況が続きました。当時、会社の銀行残高は60万円となり、これはやばいと思いましたが、DIGLEをやめることはまったく考えませんでした。

ちょうどその時期、とある方の出版イベントでたまたま作家・ジャーナリストの佐々木俊尚さんのお話を聞く機会がありました。佐々木さんは講演で、過去にプレイリストのメディアの立ち上げを考えた時期があったというお話をされていたんです。それを聞いた時、うちの会社が今、まさにやっていることじゃないか、と思いました。そのときは会場で佐々木さんとお話しすることができなかったのですが、後に「Twitter」で、「今こういうサービスをやっているのですが、1度お会いできませんか」というダイレクトメッセージを送ったんです。すると、佐々木さんから返信があって、会ってくれることになりました。そして佐々木さんにお会いしたとき、話の流れで「会社の残金が60万円しかなく、経営が厳しいので、少しお金を支援してもらえませんか」

とお願いしたら、佐々木さんはその場で私の会社に出資してくれることを決断してくれました。2018年の2月のことです。佐々木さんにはとても感謝しています。私はその時、人生というのはいろいろ行動していると面白いことが起きるんだなと思いました。

ビジョンやミッション、思いが人を動かして、お金が集まる

佐々木さんに支援してもらい何とか経営を維持させたのですが、その資金もすぐに底を尽きそうになりました。そのタイミングで、資金調達に動いたところ、ベンチャーキャピタルの三菱UFJキャピタルがDIGLEのことを気に入ってくれて、その流れで数名のエンジェル投資家の方々も出資してくれることになり、2018年6月に約2800万円の資金調達が決まりました。三菱UFJキャピタルの担当者である堂前泰志さんは、キャピタルゲイン[3]を求めるだけというのではなく、私たちのチームに入って一緒にプロダクトをつくって育てたいという思いが強くある方で、資金調達のことだったり、今後の会社の方向性だったり、いろいろとアドバイスをもらっています。堂前さんは、私のメンターのような存在です。

このエクイティファイナンス[4]での実績を引っ提げてさらに日本政策金融公庫から約1400万

円の融資が決まりました。それでやっとDIGLEに取り組むための資金が集まり軌道に乗り始めました。いま考えると、最初の方はずっと危機的な状況でした。

最終的には思いが人を動かすと思います。数字でロジカルに説明することも大事ですが、何を実現したいのかとか、どういう世界をつくっていきたいのかということの方が重要で、投資家の方々はそこに共感して出資してくれることが分かり、ビジョンやミッション、思いが人を動かして、最終的にお金が集まるんだと感じました。

状況を変えるためには行動するしかない

私は強い人間ではないので、つらい時や苦しい時はめちゃくちゃ悩みます。今までの人生を振り返ってみると、つらい時や苦しい時をどう乗り越えるかは、自分が行動するしかないと思います。その状況になってしまったら、もうその状況は変わりません。じゃあ、その状況を変えるために自分は何をすればいいのかというと、次のアクションを起こすしかありません。そこで何もしなかったら状況は何も変わらないままです。腹をくくって、行動に移すことが一番大事だと思っています。

アジアを中心とした海外展開

今後、アーティストは国内市場だけで活動していくことは難しくなっていくんじゃないかと考えています。でも、日本人アーティストがいきなり欧米に行けるかといわれたら、言語の壁もあるし、音楽の流行も違うのでなかなか難しいじゃないですか。そこで、まずはアジア市場を見据えて、私たちが軸になって、アジアの音楽文化全体をアップデートできればと考えています。

日本では、まだCDが売れていますが、これからCDが売れなくなったとき、アーティストはSpotify や Apple Music などのストリーミングサービスで稼ぐことが重要になります。韓国のBTSは世界的にとても人気ですが、世界中の彼らのファンがアーティストのためにストリーミングサービスでたくさん再生しているから、ビルボードチャートに入っているんです。それを考えると、日本の約1億3千万人をターゲットにしていても難しいと感じます。1億3千万人が楽曲を何回再生するかという話になってしまうので。そうではなくて、世界にいる音楽ファンが少しずつでもいいので楽曲を再生してくれたら、収入はかなり増えます。だから、日本人アーティストの楽曲が世界でたくさん聞かれるような環境をつくれればと思っています。

海外展開のために、DIGLE MAGAZINE では、海外で注目を集めそうな日本人アーティストがいると、インタビューや記事を英語に翻訳して、海外に届くような流れを少しずつ作っています。また、海外の投資家や音楽関係者にアクセスするようにして、まずはネットワークづくりの準備を進めています。あと、日本と台湾をつなげるような音楽イベントを企画していて、アジアの音楽文化のプラットフォームとなるようなイベントのネットワークづくりも進めています。

起業することはリスクでない

昔と違って、今は起業する環境がすごく整っています。起業したい思いや考えを誰かに伝えると、それに対してサポートしてくれる人がたくさんいます。例えば、東京都であれば、起業サポートセンターみたいなものもあります。そこに行けば、どういうふうに起業すればいいのか、相談窓口で教えてくれます。お金の面で言うと、私が借りた日本政策金融公庫はある程度の金額であれば無担保・無保証で借りることもできます。無担保・無保証ということは、個人に対して担保も保証も必要ないので、会社が倒産してしまったとしても、借金を抱える必要がないわけです。以前と比べて、そのぐらい国も起業に対してサポートしようという体制が整っているんです。もちろん、起業することのリスクはゼロではありませんが、個人の保証を絶対にしなくちゃいけないとか、お金がないとできないとかではないので、今は本当に起業しやすいんじゃないかと思います。でも、みんなこういった情報を知らないですよね。

やはり私自身も起業する前は、起業にはリスクがあると思っていました。でも、それは、起業を経験したことがある人が自分の周りにいないから、起業というのはリスクがあって怖いという考えになっていたんだと思います。でも、自分の周りに起業した人がいると、実際に起業した人から話を聞くことができるし、起業に関する正確な情報を手に入れることもできます。そして、起業した人たちと話をすると、起業して楽しんでいる人が多かったりするんですよね。

すべてはリスクの捉え方だと思います。周りの人がリスクだと言うからそれをリスクだと考えるのは、私は違うと思います。自分にとってリスクなのかどうかが重要です。起業に関しても、自分がいろいろ調べて考えた末に起業するのであれば、自分にとってそれはリスクじゃない。もし、起業を目指している人がいて、起業することのリスクをすごく感じるのであれば、その人は起業に向いていない気がします。やはり向き不向きは必ずあります。周りからリスクだよねと言われて、簡単に諦めるんじゃなくて、いろいろ考えた末に起業したいと思ったら起業すればいいし、起業したくないと思えば起業しなければいいのです。起業にリスクがあるうんぬんではなく、起業を通して本当に自分が成し遂げたいことがあるかないかを考えた方が良いと思います。

意思と本質

私は、意思と本質という2つのことを大事にしています。

意思というのは、自分が何をしたいかの表明です。学生時代は悩むことがたくさんあると思います。でも、起業するにしても、就職するにしても、アーティスト活動するにしても、結局のところ自分の意思なんですよね。自分が何をしたいかというのは誰も決めてくれないので、やはり自分が選んで決めるしかないです。そう考えたとき、今、自分はやりたいことがない、みたいなことって結構あると思います。そこで私が思うのは、自分が何をやりたいのかというのは、自分が経験したことや自分の興味あることの枠の内側で決まってしまうということです。自分が経験したことがない枠の外側のことなんて、自分では分からないんです。そして、経験したことや興味のあることの枠を広げるとなると、自分が経験したことがないことをやるしかないんです。そうしないと枠が広がらないから。

ここで重要なのは、自分の枠があったとして、もしその枠の大きさが小さかったなら、好きなことやりたいことが見つからない可能性が高いです。だから、私はまず自分の枠を広げることを絶対にやったほうがいいと思います。若い人なら、時間はたくさんあるし、できると思うんですね。経験したことがないことや、興味がないことも1回でいいからやってみてほしいです。自分の枠が広がると、好きなことややりたいことを選ぶ枠も広がるので、経験することや興味あることを増やす作業を絶対にしたほうがいいと思います。そうすると、自分の意思ができて、自分は何をやりたいのか、何が好きなのかが分かってくるんじゃないでしょうか。

本質を真剣に考えて、起業のリスクを排除する

先ほどの話のとおり、私は、起業はリスクでないと考えていますが、起業のリスクがゼロだとも考えていません。多少のリスクはあると思います。では、できるだけ起業のリスクを排除するためにはどうすればいいのか。私は、そのためには物事の本質を理解する必要があると思います。本質というのは、物事の根本的な性質だったり要素だったりします。自分が考えていることを深掘りしていくと、因数分解のように割り切れる最小単位にまで分解することができて、その最小単位が物事の本質なんです。物事を表面的にではなく、物事って何で成り立っているんだろうと、

その本質を真剣に考えることが重要だと思っています。

例えば、音楽が好きなAさんとBさんがいたとして、2人になぜ音楽を聴くのって聞いたとします。Aさんは、リラックスできるから音楽が好きだと言う。どうしてリラックスしたいのかとAさんに聞くと、嫌なことを忘れられるからだと答える。となると、もしかしてAさんは、音楽が好きでよく聞くけれど、実際のところ、リラックスできるなら音楽以外のコンテンツでも良いのかもしれない。リラックスできるなら、マッサージでも、映画でも、ゲームでも、読書でもいいのかもしれない。こういうふうに深掘りして考えていくと、Aさんはどうして音楽を聞くのかという答えが導き出される。私は、これが物事の本質だと思います。

一方、Bさんも音楽が好きでよく聞くんだけど、特定のアーティストばかり聞いている。Bさんにどうして音楽が好きなのかと聞くと、アーティストの顔が自分の好みで格好いいからと答える。でも、それって、本質的に音楽そのものが好きというより、そのアーティストやそのアーティストに関わるものが好き、つまり、アーティストのファンであるというのが理由なんです。だから、Bさんに他の音楽をおすすめしても、興味を持たないかもしれない。

Aさんも Bさんも表面的には同じように音楽が好きな人間なのかもしれませんが、2人の音楽に対する考え方やとらえ方はまったく異なります。だから、この辺を理解した上で物事の本質を考えていくと、起業のリスクを少しでも排除できるんじゃないかと思っています。

興味のある領域と大きな市場の交わるところで起業する

自分が起業する分野をどうやって見つけようかとなったとき、まず興味のある分野や好きな分野が決まったとして、一番重要なのはその分野でビジネスができるのかどうかです。

もともと小さい市場でビジネスをやったとしても、小さい市場の中でのパイの奪い合いになってしまうので、起業しても成功するのは難しいです。だから、起業する分野を見つける場合、自分が興味のある分野でありつつも、「その中に大きい市場があるのか」、「市場が変化していてチャンスがあるのか」という市場の有無を考えた方がいい。起業を目指す人は、自分が好きなことと、チャンスがある市場が一致したら一番幸せな起業になると思います。でも、どちらか一方に偏ってしまうとしんどいんです。チャンスのある大きな市場で起業したとしても、自分が本当にやりたいことでなければ熱量が維持できず上手くいかない可能性が高いですし、それとは反対に、自分が好きなことだけれども、全く稼げないような小さな市場だと辛いです。やはり、自分が好きな興味のある領域とチャンスのある大きな市場の交わるところで起業するのがベストな選択だと思っています。

過去と他人は変えられないが、未来と自分は変えられる

私の好きな言葉に「過去と他人は変えられないが、未来と自分は変えられる」というのがあります。これはカナダの精神科医であるエリック・バーンの言葉です。過去は決まっているものだから変えられない。そして、他人も、例えば、私が友人にお前は起業したほうがいいよ、と何度も言ったとしても、その人自身の問題なので意思は変えられない。でも、自分は変えられるじゃないですか。未来もこれから自分でつくっていくものなので変えられる。だから、過去にこんな行動を取ってしまったと後悔したり、他人のことを嫌な奴だと思ったりして悩むよりも、未来や自分のことを考えたほうが幸せになれると思っています。

だから、最終的に起業したとしても、就職したとしても、あるいはアーティストになりたいと夢を追ったとしても、未来をつくるのは自分自身でしかないんです。自分が選択したもので未来をつくるしかないんです。どういう結果になろうと、そこに意志を持ってやってほしいと思います。

起業家に必要なもの

起業家に必要なのは、やはり起業家自身が起業して何をやりたいのかということだと思うんですよね。世の中を良くしたいとか、自分が関わっているモノやサービスをもっとより良くしたいとか。自分が起業して何をしたいのかという軸がないと、起業しても自分自身がしんどいことになるんじゃないでしょうか。

理想の経営者像

現在の弊社は、少数精鋭というか、1つのチームでやっています。これまでは、大学のサークルのノリで、何とかやり遂げてきたところがあります。でも、もうその段階ではないと思います。これからは社内のコミュニケーションなど、いろいろなことを組織として考えてやらないと、社員の方向性がばらばらになって、会社が回らない気がしています。今チームでやっているものを会社としてちゃんと組織化できるかが、これからの課題だと思います。

現状、私1人が会社の経営を見て、あとはサービスやコンテンツをつくる側の人間ばかりなんです。今後は会社として組織をつくっていく人間が必要です。もちろんお金が必要という部分もありますが、投資家の方に相談したり、自分の起業家ネットワークを通じて、今のうちから優秀な人材を探しています。

私は起業家ですが、自分の会社のリーダーでもあるわけです。だから、自分の会社の未来を示していける経営者になりたいです。起業家として、リーダーとして、社員に対して、なぜこの会社をやっているのか、なぜこのサービスをやっているのか、これから会社がどのように進んでいくのかという道筋を示してあげることが大事だと思います。

脚注

1 インターネット上で展開される会費制コミュニティサービス
2 2020年2月1日現在
3 株式の売買によって得られる利益のこと
4 新規に株式を発行する形で資金調達をする方法

謝辞

以前の勤務先大学で、2017年から2019年までの3年間、「起業論」という授業を担当し、本書に登場した起業家の方々を含め、のべ15人の起業家をゲスト講師として招聘して特別講義を行いました。どの方のお話も内容が興味深く、「これは授業内に留めておくのはもったいない。より多くの人に音楽起業家の話を聞いてもらいたい」と考え、音楽起業家の起業にまつわるインタビュー集という書籍企画を立てました。8人の音楽起業家の皆さまのご協力なくして、この企画は成し得ませんでした。稲毛謙介さん、大類朋美さん、柴田萌さん、西尾周一郎さん、西村謙大さん、弘石雅和さん、文原明臣さん、堀口直子さんに心より感謝申し上げます。また、皆さまの今後ますますのご活躍を祈念しております。

東京経済大学客員教授（前国立音楽大学副学長・教授、元東京学芸大学教授）の久保田慶一先生にも感謝申し上げます。久保田先生からスタイルノート社の池田社長をご紹介いただき、今回の出版が決まりました。久保田先生、ありがとうございました。

株式会社スタイルノートの池田茂樹社長にも感謝申し上げます。池田社長に今回の企画の出版をお願いしたところ、「うちで出しましょう」とその場でご快諾いただきました。昨今の出版不況で、書籍を出すことがどれだけ困難であるかを理解しています。今回の企画にご賛同いただけたのは、池田社長ご自身がスタイルノート社という音楽専門出版社を創業された音楽起業家であったからであると思います。厚く御礼申し上げます。

令和二年四月

八木良太

八木 良太（やぎ りょうた）

略歴

流通経済大学経済学部准教授。博士（経営学）。

1973年愛媛県生まれ。横浜国立大学大学院国際社会科学研究科企業システム専攻博士課程修了。アルファレコード、ビクターエンタテインメント、尚美学園大学准教授などを経て現職。専門分野は経営学（経営戦略論、経営組織論、企業論）。日本リスクマネジメント学会評議員。地域デザイン学会特命担当理事（元理事）。著書に『音楽産業　再成長のための組織戦略：不確実性と複雑性に対する音楽関連企業の組織マネジメント』（東洋経済新報社、2015年、平成28年度日本リスクマネジメント学会優秀著作賞受賞）、『日本の音楽産業はどう変わるのか：ポストiPod時代の新展開』（東洋経済新報社、2007年）などがある。

音楽《おんがく》で起業《きぎょう》する

── 8人《にん》の音楽《おんがく》起業家《きぎょうか》たちのストーリー

発行日　2020年4月30日　第1刷発行

著　者　八木良太《やぎりょうた》

発行人　池田茂樹

発行所　株式会社スタイルノート

〒185-0021

東京都国分寺市南町2-17-9　ARTビル5F

電話 042-329-9288

E-Mail books@stylenote.co.jp

URL http://www.stylenote.co.jp/

印　刷　シナノ印刷株式会社

製　本　シナノ印刷株式会社

日本音楽著作権協会（出）許諾第2003330－001号

ISBN978-4-7998-0184-0　C1073
